リーダーになる［増補改訂版］

ON BECOMING A LEADER

ウォレン・ベニス
Warren Bennis

伊東奈美子 訳

海と月社

謝辞

本書には私の名前しか記されていないが、すべての本がそうであるように、本書もまた多くの人々の協力によって生まれた。

私はずいぶん前に、もっとも効率のよい学習方法は会話であることに気づいた。聡明な仲間と冗談をいいあいながら、陽気で刺激的な議論を重ねるうちに、私のアイディアはいきいきと輝きだし、練られ、吟味される。

『リーダーになる』の初版では、この本の誕生を助けてくれたすべての人に感謝することを目指した。初版で名前をあげた方々をはじめ、貴重な助言と知見と時間を与えてくれた同僚や友人たちには、今でも感謝の気持ちでいっぱいだ。

この二一世紀版では、とくに協力者の名前をあげたいと思う。

まずは、南カリフォルニア大学で助手を務めてくれているマリー・クリスチャン。私の仕事が滞りなく進んでいるのは、持ち前の根気と機転、そして知性で私を支えてくれているマリーのおかげだ。私が執筆に没頭できるよう、さまざまな形で配慮してくれる彼女には、いつも感謝している。

次は、ペルセウス・ブックスの担当編集者ニック・フィリップソン。この増補改訂版を世に出すにあたって、彼は期待をはるかに超える仕事をしてくれた。初版をあたたかくも厳しい目で読み返し、今日にも通用する部分を指摘しつつ、現状にはあてはまらなくなった部分を抽出してくれた。

彼が大枠を示してくれたおかげで、本書の改訂作業は格段に楽になった。彼は常に、すばらしい友人であり、同僚であった。鋭い洞察をまじえながら、ときにはほめ、ときには問題点を指摘し、そしてどんなときも、私の意見とアイディアを尊重してくれた。本書の背後には、彼の有形無形の貢献がある。

そして最後に、長年の友であり協力者である、パトリシア・ウォード・ビーダーマンに感謝したい。パトリシアと私は、仕事仲間として、多くの人が夢見るような関係を築いてきた。かれこれ数十年にわたり、彼女は私のアイディアを刺激し、その具現化を助けてくれている。

彼女と仕事をするたびに、質の高い共同作業には、たくさんの思索と、情熱と、笑いが欠かせないことに気づかされる。

人間は、自分を変えられる——初版への序文

この数十年間、私はほとんどの時間をリーダーシップの研究に捧げてきた。この研究には、アメリカを代表する優秀な男女を観察し、インタビューを行うことが欠かせない。研究の最初の成果は『本物のリーダーとは何か』（小社刊）という本にまとめられた。この本が出版されると、私は一夜にして格づけの権威となった。リーダーシップに関する質問があれば、誰もが私のもとを訪れた。当時の私は、それを誇らしく感じると同時に、悔しい思いも味わった。必ずしも、すべての質問に答えることはできなかったからだ。

リーダーシップの研究は、化学の研究のように厳密にはいかない。社会は物質の世界ほど秩序だってはおらず、法則化できるほど単純でもない。そもそも人間は、固体や液体や気体のように、ひとつの型に押しこめたり、行動を予測したりすることのできない存在だ。

成人してからこのかた、ずっと生徒か教師の立場にいるせいか、私は安易に結論を出したり、根拠のない類推をしたりしないよう人一倍気をつけてきた。そして、みちびきだした答えは何度

も見直した。人々は絶対的な「真実」を知りたがったが、私は個人的な意見を述べるにとどめた。ある意味で、リーダーシップは美に似ている。それが何かを定義することはむずかしいが、目の前にあれば絶対に見間違うことはない。

今でもすべての問いに答えられるわけではないが、『本物のリーダーとは何か』が出版されてからこれまでの間に、私はさらに多くのことを学んだ。その成果をまとめたのが、二冊目となるこの本だ。『本物のリーダーとは何か』が、「リーダーとは何か」を描いたものだったとすれば、『リーダーになる』は、「どのように」をまとめた本である。人間は、どのようにしてリーダーになるのか。リーダーは、どのようにして人々をみちびくのか。組織はどのようにして潜在的なリーダーを助け、あるいはくじくのか。

当然のことだが、リーダーシップは何もないところからは生まれない。そこでまず私は、現在の状況――つまり、未来のリーダーの前に横たわっている無数の障害を分析することにした。

誰もが、「今日のアメリカにはリーダーシップがない」と嘆いている。あたりを見わたしても、目に入るのは貪欲で、臆病で、なんのビジョンもない偽物のリーダーばかりだ。

もちろん、この国には本物のリーダーもたくさんいる。実際、私はそうした人々と会い、言葉を交わしてきた。しかし、アメリカはもっと多くのリーダーを、とくに国をみちびくことのできるリーダーを必要としている。

もっとも、個人の指導力の衰えは、はるかに深刻な問題の症状にすぎない。それは、世界そのものがコントロール不能になっていることだ。この三〇年間の変化はあまりにも激しく、ビジネスの世界ですら、世界がサッカーをしているのにアメリカだけがアメリカン・フットボールをしているような状況におちいっている。ルールが変わったというより、ゲームそのものが変わってしまったのだ。

だからこそ、リーダーシップを学ぶためには、この新しい奇妙な世界を学ぶことが不可欠になる。世界は変わりつづけている。この状況を理解できないなら、状況に支配されるほかない。

本書に登場するリーダーはみな、状況を打破してきた。経歴や経験や職業はさまざまだが、彼らは等しく、人生に対する情熱と、自分をあますところなく自由に表現する能力をそなえていた。

本書を読んでいただければわかるとおり、リーダーシップの本質は、自由で豊かな自己表現にある。哲学者のラルフ・ウォルド・エマスンがいったように、「存在するだけでは半分しか生きていない。残りの半分を生きるためには、自らを表現しなければならない」

リーダーとは、自分を存分に表現できる人間だ。それが本書の大前提である。いいかえれば、リーダーは自分が何者かを知っている。自分の長所と短所は何か、どうすれば長所を伸ばし、短所を補うことができるのかを知っている。自分は何を求めているのか、なぜそれを求めているのかを知っている。そして、自分が求めているものを他人に伝え、周囲の協力や援助を得るためにはどうすればよいのかを心得ている。もちろん、目標を達成する方法も——。

自分を存分に表現するためには、自分と世界を理解していなければならない。そしてそのためには、自分の人生と経験から学ぶことが不可欠だ。

医者や詩人になるのがむずかしいように、リーダーになるのも簡単ではない。簡単だという人は思い違いをしている。

しかし、リーダーシップを学ぶことは、多くの人が考えているよりもずっとたやすい。リーダーシップの素地は、誰の中にもあるからだ。

実際、たいていの人は、なんらかの形でリーダーシップを発揮した経験を持っている。ハーラン・クリーブランドは、著書『The Knowledge Executive（ナレッジ・エグゼクティブ）』の中でこう述べている。

どの領域にも、すぐれた業績を残した人はたくさんいる。（中略）政治、ビジネス、農業、労働、司法、教育、報道、宗教、差別の是正、住宅供給の推進、妊娠中絶や市営動物園の経営といった多様な政策課題（中略）。リーダーが取り組むのは、地域社会の問題かもしれないし、国家や地球規模の問題、多国籍企業や特定の専門分野の問題かもしれない。あるいは会社、役場、町内会といった、小さいけれども家庭や仕事と深くかかわっている組織の問題かもしれない。

ここに、学校の教室を加えてもよいだろう。リーダーシップは、どこででも経験できる。

じつをいうと、リーダーになるプロセスは、調和のとれた人間になるプロセスとほとんど変わらない。リーダーにとっても、調和のとれた人間にとっても、キャリアとは人生そのものだ。リーダーになるプロセスを論じることは、調和のとれた人間になるプロセスを解き明かすことに等しい。

フランスの画家ブラックは、「芸術にとって本当に重要なものは、言葉では説明できない」といった。これはリーダーシップにもあてはまる。しかし芸術がそうであるように、リーダーシップも目に見える形で示すことができる。リーダーシップの研究を始めて数十年になるが、私は今も、アメリカを動かしている卓越したリーダーたちの行動や言葉に魅了されている。

すべての人がそうであるように、こうしたリーダーも過去の経験の産物だ。しかし、彼らは普通の人々と違い、過去の経験をあわせた以上の存在になった。なぜか。彼らは、自分の経験を十二分に活用したからだ。借りものの経験ではなく、自分自身の経験から学んだからだ。

このように、私の研究対象は生身のリーダーであって、机上のリーダー論ではない。架空の設定の中のリーダーではなく、現実の社会で活躍しているリーダーだ。

とくに本書では、輝かしい実績を持つだけでなく、多方面で活躍している人々をとりあげた。CEOの肩書きを持つ作家。財団を率いる科学者。閣僚経験のある弁護士。すでに三つ目のキャリアに挑んでいる若者……。どの人物も世の中に影響を与えてきた。思いやりがあり、思慮深く、自分を明確に表現できる人ばかりだ。

こうしたリーダーの三人に一人は、実業界で活躍している。私の考えでは、今日の文化を支配し、形づくっているのはビジネスだからだ。文化をつくっているのはメディアだ、と反論する人がいるかもしれないが、現在はテレビですら、ビジネスにからめとられている。

本書に登場するリーダーの中には、大企業の幹部もいれば、事業家もいる。メディアや芸術の世界でリーダーシップを発揮している人もいれば、営利企業から非営利組織に転職した人、スポーツ選手、学者、作家にして精神分析医、弁護士、そして主婦から作家に転じ、ついにはフェミニストのリーダーとなって革命への道を拓いた、ベティ・フリーダンのような人物もいる。

すでに気づいている方もいるかもしれないが、政治家は除いた。率直な政治家というのはまれだし、私はイデオロギーよりもアイディアに興味があるからだ。

これらのリーダーは、とうてい普通の人とはいえない。最前線で未知の領域を切り拓いている彼らは、現在と未来の案内人であり、前線の様子を伝える斥候《せっこう》だ。

経歴も年齢も職業も功績もさまざまだが、彼らの意見は二つの点で一致している。

ひとつは、人間はリーダーに生まれつくのではなく、リーダーになるということだ。しかも、外的な手段によってではなく、自らの力で。そしてもうひとつは、リーダーは最初からリーダーを目指しているのではなく、自分を思う存分に表現する過程でリーダーになるということである。

つまり、リーダーの関心は、世間に自分の存在を誇示することではなく、あくまでも自分を表現することに向けられている。この違いは決定的だ。前者は他人に動かされるが、後者は人々をみちびく。前者ならいくらでもいるが、後者はめったにいない。

彼らは、死ぬまで成長し、発展を続けるという点でも似ている。過去の偉大なリーダーたちを思いだしてほしい。ぱっと名前を思いつくだけでも、ジョージ・バーナード・ショー、チャールズ・ダーウィン、キャサリン・ヘプバーン、マーティン・ルーサー・キング、マハトマ・ガンジー、ジャン・ピアジェなどがいる。ウィンストン・チャーチルは、齢六六になるまで「信号無視の人生」をおくったといわれる。

成人しても学びつづけること——これは本書の大きなテーマのひとつだ。

心理学者は、成人の学習や成長についてほとんど何も語っていない。どういうわけか、創造的な活動や学習は若者のものだと考えられている。中高年（四五歳以上としておこうか）と学習が結びつかないのは、その実例があまり知られていないからではないだろうか。

しかし、チャーチル、ピカソ、ベートーベン、さらにはフロイトのように、成人してからも学びつづけた人は多い。その事実を知れば、考えを改めざるをえないだろう。

確立された理論はまだないが、成人学習の効果は、本人がすすんで学ぶときにもっとも高くなるという信頼できるデータがある。主体的に学ぶことは、主体的に生きることであり、調和のとれた人間になるための必須条件でもある。

本書に登場するリーダーには、いくつかの際立った特徴があるが、もっとも重要なのは、人生の指針となる包括的なビジョンに従っていることだ。彼らは、目標にしっかりと焦点を定めている。それればかりか、「綱渡りこそ人生だ。あとは待ち時間にすぎない」という曲芸師カール・ワレンダの言葉を体現している。そして、自分のビジョンをわかりやすく伝える比喩を持っている。

ダーウィンは、「たくさんの枝を伸ばした進化の樹」という魅力的な比喩を使って、さまざまな種が繁栄しては衰退していく様子を描いた。心理学者のウィリアム・ジェイムズは、意識の移り変わりをひと筋の流れ、あるいはひとつの川になぞらえた。ジョン・ロックは、鷹匠が鷹を放つ行為を「創造のプロセスの始まり」――いいかえれば、人間の知恵の探求を象徴するものだと考えた。

トマス・カーライルはかつて、「理想は己の中にある。理想の達成を妨げる障害もまたしかり」といった。しかし、ソクラテスやプラトンが教えてくれたように、こうした障害は慎重に調査し、適切なときに適切な問いかけをすることによって排除できる。本書に登場するリーダーたちもみな、内なる障害を克服した。

彼らとの対話は、一般的な「インタビュー」の枠を超えるものだった。私たちは、無難な質問と通り一遍の答えをやりとりするのではなく、リーダーシップに関する真理を明らかにすることを目指した。自分らしい自己表現の手段を見つけるために、それぞれのリーダーが歩んだ道のりを、もう一度一緒にたどったといってもよい。

プラトンは、学ぶことは本来、取り戻すことであり、思いだすことだといった。クマやライオンは、生きるために必要な知識を生まれながらに持っており、その知識に従って行動している。我々も同じはずだが、人間の場合はそうした知識が、他人から詰めこまれた知識に埋もれてしまう。つまり、人間にとっての学習とは、重要なことを思いだすことなのだ。ユングがいったように、精神分析は治療よりも学習に近いのである。

人間の中にすでにそなわっている知識を取り戻す作業は、いくつかの問いかけから始まる。私は次のような質問を念頭において、リーダーたちとの対話にのぞんだ。

●リーダーの資質とは何か。
●成長をとげるために不可欠だった経験は何か。
●人生の転換点となったできごとは何か。
●失敗は人生でどんな役割を果たしてきたか。
●どのように学んでいるか。
●とくに尊敬している人物はいるか（面識の有無は問わない）。
●組織はリーダーを助けるために何ができるか（あるいは、どのような組織がリーダーをくじくのか）。

どれも基本的な質問だが、返ってきた答えは千差万別だった。

牛乳の表面にクリームが浮くように（牛乳びんの存在が一般的で、牛乳にまだクリームがふくまれていたころの話だが）、正しい資質にめぐまれていれば、その人は自然にトップに立つ――我々はついそう考えてしまう。しかし、その考えは正しくない。

有名な女優で、後年は演劇教師としても活躍した故ステラ・アドラーは、スターになった教え子について、いっさい語ろうとしなかった。彼女の生徒の中には、スターになった人と同程度の才能にめぐまれていながら、意欲が足りなかったとか、運が悪かったとかいう理由でスターになれなかった者が大勢いた。スターになった生徒のことを語れば、スターになれなかった生徒を傷つけてしまうかもしれない。そのような危険はおかしたくないとアドラーはいった。

演技の才能が必ずしもスターの座を約束しないように、リーダーの能力があっても、必ず会社や国家を動かすことになるわけではない。実際、競争の激しい世界では、非凡な才能の持ち主のほうが、従順な人間より能力を発揮できないことが多い。少なくとも今の世の中では、真の意味での偉業より、わかりやすい成功のほうが評価されるからだ。

私は、リーダーシップの素質は誰にでもあるといった。だが、誰もがリーダーになるとは考えていない。今日のように複雑で、敵意のみなぎっている世界ではなおさらだ。現代の社会は、ものごとを変えようともせず、自分の潜在能力を高めようともせず、ただ現状に甘んじている人であふれている。

しかし私は、年齢や環境にかかわらず、人間は自分を変容させることができると信じている。「リーダー」の名にふさわしい人間になることは、自由意志の最たるものだ。その意志があるなら、本書がその道しるべとなるだろう。

この本は、単なる教訓の寄せ集めではない。人間が自らを変容させ、リーダーになるまでの道のりを描いた一編の物語だ。まるで現代小説のように、この物語には序盤も中盤も終盤もない。その代わり、くりかえし現われるテーマがある。

ひとつは、教育の必要性だ。それは、公式のものでも非公式のものでもかまわない。それから、不要な知識を捨て、正しい知識を学ぶこと。名投手とうたわれたサチェル・ペイジは、「人間を傷つけるものは無知ではなく、間違った知識だ」といった。また、「学んだことを吟味し、教訓を完全に自分のものにすること」や「リスクをとって失敗すること」の重要性も、たびたび語られる。


本書を一読したら、もう一度あちこちのページを読み返したいと思われるかもしれない。少なくとも、そうあってほしいと願っている。

リーダーになることは、自分自身になることに等しい。リーダーになることは、それほどに単純で、それほどにやっかいだ。

では、出発することにしよう。

本当の自分を見つけ、育てよ——増補改訂版への序文

序文というのは、その本が書かれた当時の世界を切りとったスナップ写真のようなものだ。本書の初版の序文は、出版の前年、すなわち一九八八年に書かれた。

当時、世界はまさに音を立てて変わろうとしていた。一九八九年の一一月にベルリンの壁が崩れ、ロックミュージックが陽気に流れる中、第二次大戦後にまでさかのぼるドイツ分断の歴史に終止符が打たれるとは、ほとんどの人が予想だにしていなかった。

ドイツはまだ統一されておらず、ソ連は健在で、米国はもうひとりのジョージ・ブッシュ（父）を大統領に戴いていた。

ベルリンからそう遠くない場所では、崩壊前のユーゴスラビアが、それなりの平和を享受していた。南アフリカは依然としてアパルトヘイト下にあり、後にアフリカのジョージ・ワシントンと仰がれるネルソン・マンデラは、まだ獄中にあった。

インターネットのユーザーは、一部の大学や政府機関に四〇〇人ほどしかおらず、これらの先

見的な人々でさえ、インターネットが世界経済の様相からテロの方法にいたるまで、あらゆるものを根底から変えることになるとは思っていなかった。

アメリカの家庭には、コードレス電話とビデオデッキがあったが、携帯電話とＤＶＤは夢のまた夢でしかなかった。

† そして、一三年後

ときはめぐって、一三年後の二〇〇二年。マサチューセッツ州ケンブリッジで私がこの原稿を書いているとき、世界の多くの地域では、米国とイラクが開戦するかどうかが大きな関心を集めている。先日はジミー・カーター元大統領がノーベル平和賞を受賞し、ほどなくして北朝鮮が核兵器を保有していることが明らかになった。

核の大惨事が起きる可能性が現実味を帯び、冷戦さなかの一九六〇年代初頭以来の緊迫感が世界をつつんでいる。

アメリカはここ一、二年、五〇歳以下の国民のほとんどが経験したことのないような深刻な不景気に見まわれている。

一九八九年、民主党はホワイトハウス奪還を目指し、アーカンソー州の若きカリスマ知事に大きな望みをかけた。この人物――ビル・クリントンは後に、二期にわたって米国大統領を務めたが、任期の最後には、若いホワイトハウス実習生とのスキャンダルに巻きこまれ、弾劾されることになった（評決は無罪だった）。

現在、ホワイトハウスの住人となっているのはジョージ・W・ブッシュだ。ブッシュは、二〇〇〇年の一般投票でいったんは敗れたものの、米国史上初めて、最高裁判所の判決で当選が確定した大統領となった。

ヒトゲノムが解読され、最先端の画像技術のおかげで、かつてないほど脳機能の解明が進んだ。エイズは、アメリカではもはや死の宣告を意味しなくなったが、サハラ以南のアフリカでは中世の黒死病以来、もっとも多くの死者を出し、アジア全域に感染者を広げている。

† インターネットの時代に

本書の第一章は、読者に「現状を打破する」ことを呼びかけているが、これは以前にもまして重要で、むずかしいものとなっている。

ある意味では、一九八九年とはすべてが変わってしまった。九九年のベストセラー『レクサスとオリーブの木』(草思社)の中で、著者でピュリッツァー賞受賞ジャーナリストのトーマス・L・フリードマンが書いているように、「世界はまだ一〇歳にすぎない」のである。

この一〇年間で世界がいかに変わったかをもっとも端的に示しているのは、ワールド・ワイド・ウェブ(WWW)だ。

二〇〇二年現在、世界のインターネットユーザーは五億八〇〇〇万人を超え、インターネットの利用は一〇〇日ごとに倍増している。もし、一九八九年一一月九日にベルリンの壁が崩れていなかったとしても、インターネットの登場によって、国家を分断しゲットー化させていた壁は消え失せていただろう。

一九八九年以降、テクノロジーはイデオロギーがなしえなかったことをなしとげ、ネットワークで結ばれた地球規模のコミュニティをつくりあげた。ウェブを利用すれば、少数派の革命家も自分たちの言い分を世界に訴えることができる。たとえ包囲されたとしても、情報の発信を妨げられることはない。それは数年前に、メキシコのチアパス州の反逆者たちが証明したとおりだ。

しかし、これほどのテクノロジーをもってしても、世界を平和な場所にすることはできなかった。私が最後に確認した時点では、世界には二五の国境紛争があり、約四〇の国家が争いをくりひろげていた。

現代技術の典型ともいうべき即時コミュニケーションは、宗教原理主義の台頭を妨げるどころか促進剤の役割を果たしている。原理主義者たちは、信者以外の人間を悪魔とみなし、現代技術を嬉々として中世風の用途に用いている。その結果、姦通罪に問われた女性は、今も石でなぐり殺され、その映像が衛星テレビを通して、世界中に配信されるようになった。

† ニューエコノミーの台頭と崩壊

世界は、経済の面でも大きく変わった。

中国は資本主義を受け入れ、中国人は起業家精神を発揮するようになった。かつては夢想家のたわごとと一蹴された欧州連合は現実のものとなり、フランスフランとドイツマルクが廃止され、通貨のエスペラントともいうべき共通通貨「ユーロ」が導入された。

一方アメリカでは、この十数年間にニューエコノミーが生まれ、肥大し、破綻した。ネットバブルの崩壊は、自然の理だった。ナスダックは惨憺《さんたん》たる状況を呈しているが、ニューエコノミーのすべてが無効になったわけではない。たとえば、ニューエコノミーを支えていた知的資本は、これからも重要な資産でありつづけるだろう。建物と設備がもっとも大事な資産だった時代は、永遠に過ぎ去った。今では、アイディアこそが世界経済の原動力であり、通貨である。リーダーとリーダー予備軍がニューエコノミーから学ぶべき教訓は、「力は地位ではなく、アイディアから生まれる」というものだ。

経済紙は、401k（確定拠出年金）の資産残高が四半期ごとに目減りしていくのを見て労働者が落胆し、早期退職の夢をあきらめたと書き立てている。事実、二〇〇二年下半期の時点では、労働者は仕事があるだけで満足し、それを死守しようとしている。

しかし、状況は変わるだろう。組織を成功にみちびくためには、抜きんでたアイディアを持つ従業員に相応の報酬を支払い、ときには特別な条件で遇しなければならない日が再びやってくるはずだ。

不況のときは、二流のリーダーが権力を乱用しても罰せられることはない。しかし、不況を乗り越え、景気が回復したときに成功を手にするのは、自分をとりまく人々を、かけがえのない同僚や協力者としてあつかうリーダーである。

をたどった。

† セレブリティCEO

一世を風靡《ふうび》したニューエコノミーが崩壊したように、栄華を極めたリーダーたちも、滅びの道をたどった。

一九九〇年代に生まれた嘆かわしい風潮のひとつに、「セレブリティCEO」の出現がある。クライスラーのリー・アイアコッカは、映画スターやロックスターなみに顔が知られるようになった最初のビジネスリーダーといってよい。アメリカ人は、組織を偉大な個人と同一視しがちだ。ジョン・アダムズのような真に協調的なリーダーですら、そのために道を踏みはずしそうになった。しかも、アメリカ人はカリスマ的なリーダーに法外な報酬を支払う傾向がある。二〇世紀終盤には、この傾向は手のつけられないほどエスカレートしていった。

企業リーダーのイメージと実像が乖離《かいり》していたことは、役員報酬を見れば一目瞭然だ。成功したベンチャー企業の創業者や多忙をきわめる大企業の社長が、清貧をモットーにしているとは誰も思わないだろうが、一九九〇年代の役員報酬の高騰は、常識の範囲を超えていた。

一九七〇年、アメリカのCEOが受け取る報酬は、労働者の平均報酬の四四倍だった。AFL—CIO（アメリカ労働総同盟・産業別組合会議）の調べでは、この数字は、二〇〇〇年には三〇〇倍を超えた。二〇〇二年の「ビジネスウィーク」の記事によれば、アメリカ人の平均所得が年間三万ドル前後だったのに対し、役員の平均報酬は年間一一〇〇万ドルに達している。

これが異様な格差であることは間違いないが、もっと気がかりなのは、国家の富の半分を人口の一パーセントが握り、その他大勢、すなわち縮小する中間層と急拡大する底辺層との差が、危険なほど広がっていることである。

こうした底辺層には、希望もなければ保険もない。中間層の拡大が、二〇世紀後半のアメリカ経済が達成したすばらしい成功物語だったとすれば、会社に忠誠をつくし、一生懸命に働けば安全で豊かな暮らしが手に入ると信じていた中間層の消滅は、二一世紀を象徴する物語となるだろう。一握りの国民に富が集中する傾向が解消されないかぎり、この物語はきわめて悲惨な結末を迎える可能性がある。

皇帝なみの富を手にしたCEOは、いずれしっぺ返しがくることを予測できたはずだ。しかし、その多くはごう慢になるばかりだった。二〇〇一年と二〇〇二年には、会計操作、不正融資、インサイダー取引などのスキャンダルが露呈し、高い株価を誇った企業が次々と破綻していった。エンロン、ワールドコム、アデルフィア、グローバルクロッシング、イムクローン……。こうした企業の中からは、起訴され、手錠姿で連行される役員もあらわれた。

とくに衝撃的だったのは、「カリスマ主婦」として知られるマーサ・スチュワートが、刑事告発されたことだろう。スチュワートにかけられた嫌疑は、イムクローン社が開発した癌の新薬がFDA（米食品医薬品局）の承認を得られなかったことが発表される直前に、同社の株を売却したというものだった。鉄格子柄の壁紙や監獄の模様替えといった冗談を交わして、彼女の転落をあざわらう人々もいた。他人の災難を喜ぶことを意味する「シャーデンフロイデ（schadenfreude）」という言葉をもじって、この風潮は「マーサフロイデ」と名づけられた。

† 企業スキャンダルの嵐

「前回お別れしてから、どんなことが明らかになりましたかな」。ラルフ・ウォルド・エマスンは、久しぶりに会う友人にこうあいさつしたという。私なら、リーダーのもっとも重要な資質は「誠実さ」であることを学んだと答えるだろう。

リーダーは、自分の誠実さをくりかえし示さなければならない。あまりにも多くのリーダーが、自分の言動は注視され、いつでも説明責任を問われる立場にあることを忘れている。これは企業以外の組織のリーダーにもいえることだ。合法であることは必ずしも正しいことを意味しないこと、大衆から与えられたものは取りあげられる可能性があることを、彼らは忘れていた。

数々の企業スキャンダルは、株式市場に壊滅的な打撃を与えた。エンロンやその他のごろつき企業に関する報道が忘れられたあとも、混乱の爪痕は長く残るだろう。国民から何兆ドルもの富を奪った男たちは、巨額の退職金をふところに納めて引退していった。

暗雲がアメリカの実業界全体をおおった。それは、インテルの元CEOアンディ・グローブをして、「私は近ごろ、アメリカ株式会社の一員であることを恥ずかしく思う」といわしめるほどだった。

一連のできごとは、今日のリーダーにどんな影響をおよぼすのだろうか。このところの騒動によって、役員報酬の額はもっと控えめな数字に落ち着くだろう。規模は小さくなったとはいえ、401kのおかげで、労働者は今や株主でもある。CEOは業績を厳しく問われ、年俸の額についても、平均的な労働者の生涯賃金を上まわる傾向はあるだろうが、以前ほど法外にはならないだろう。非営利組織やその他の大組織でも、トップの報酬は減り、監視の目は厳しくなる可能性が高い。

おそらく、これはよいことだ。多くの事例が、報酬は創造的な活動の動機となるより障害となることを示している。報酬はほどほどであるほうが、リーダーは本来のビジネスに集中できる。そして、自分の役割には道徳的な側面があり、ある意味では、それは収益を伸ばすことと同じくらい重要であることも理解できるようになる。

† 組織はコミュニティである

私は今、一連の騒動が収まり、人々が重大な問いに腰をすえて取り組めるようになることを願っている。そのひとつは、現代の企業や組織が追求すべき目的を考えることだ。

「組織とは、株主に利益をもたらす機械である」という比喩が、あまりにも浅薄であることは異論の余地がない。では、もっと的を射た表現とは？　私自身は、「俊敏で柔軟な有機体」という比喩や、「組織はコミュニティである」というチャールズ・ハンディの言葉に共感している。

生活における仕事の比率が高まり、仕事とプライベートのバランスがますます求められるようになっている現代では、企業や組織をコミュニティととらえる見方は説得力がある。携帯電話のせいで仕事から離れることはますますむずかしくなっているが、それでもなお、人々はわが子の成長の大部分を見逃してもやむをえないと思えるほどの、意義ある仕事を求めている。

あらゆる組織のリーダーが、従業員報酬の妥当性やオフィス環境の改善といった課題をつきつけられている。最近の不祥事に翻弄《ほんろう》され、リーダーがこうした道徳的、哲学的な問題に十分な時間を割けずにいるとすれば残念だ。政治家のスキャンダルが起きるたびに、公共事業の信頼性が傷つけられてきたように、これらの不祥事のせいで、ビジネスそのものが下劣な営みだと思われてしまうとしたら、これほどの悲劇はない。

† シドニー・ハーマンのメッセージ

たしかに、最近のニュースは目をおおいたくなるものばかりだ。だが、リーダーに対する人々の態度も、一貫性に欠けている。人々はリーダーに分不相応な注目と称賛を与え、王族のようにあつかったかと思えば、掌を返して悪魔よばわりする。しかし、そのどちらも真実ではない。

ビジネスの世界には、デニス・コズロウスキ（追放されたタイコの元CEO）のような人物もいれば、有能で高潔なリーダーも何百人、何千人といる。非政府組織や地域の活動団体、大学、文化組織、各種の非営利団体のトップにも善良な男女はいる。こうした人々こそ、未来のリーダーが求め、見習うべき相手だ。

ひとつ例をあげよう。私は『こうしてリーダーはつくられる』（ダイヤモンド社）という著作の中で、若手のリーダーと年配のリーダーを比較し、その違いを明らかにすることを試みた。その過程で、共著者のボブ・トーマスとともに何人もの年配のリーダーにインタビューを行ったが、とくに印象的だったのは、ハーマン・インターナショナル・インダストリーズのCEO、シドニー・ハーマンである。

それほど昔の話ではないが、企業の悪事が毎日のように明るみに出ていたころ、同社の四半期報告書に、株主にあてたシドニーのメッセージが掲載された。彼は、取締役の過半数は独立取締役であり、自社との取引関係はまったくないと明言し、取締役会と会社の信頼性を保つために導入しているさまざまなしくみを説明した。そして、何か問題が起きたときは自分がすぐに察知できると請けあった。その理由を、彼はこう述べている。「私は社業に全力で取り組んでいます。あらゆる活動に注意を払い、社内の状況を把握しています」

こうした機敏で責任感のある態度を指す言葉がある。「リーダーシップ」だ。

すべての偉大なリーダーと同じように、シドニーのもっとも重要な仕事のひとつは、素直にものをいえる文化を育てることだった。私は長年リーダーシップについて書いてきたが、あるとき、組織の成功に欠かせないものでありながら、見落とされてきたものがあることに気づいた。それは、偉大なフォロワーシップである。

シドニーの机には、次のような文句を刻んだプレートが飾られている。「どの会社にも、万事を把握している人間がいる。そんな社員はクビにすべし」。もちろん、これは皮肉だ。シドニーは根拠のある批判には真剣に耳をかたむけ、奨励さえしている。しかし、多くの組織は不都合な真実を口にする者を解雇するか、少なくとも黙殺している。

† 爆発事故の真相

チャレンジャー号の爆発事故は、その悲惨な例だった。一九八九年一月二八日、スペースシャトルのチャレンジャー号が打ち上げ直後に爆発し、乗組員全員（六人の宇宙飛行士と宇宙を目指した初の教師クリスタ・マコーリフ）が死亡した。これは、アメリカ史上最悪の航空事故となったが、さらに痛ましかったのは、この事故が乗組員の家族が見守る中で起きたことである。

じつは、この事故は避けることができた。打ち上げの前日、NASAに部品を卸しているモートン・チオコール社の技術者ロジャー・ボイジョリーが、チャレンジャー号のOリングに重大な不具合があることを上司に報告していたからだ。しかし、その警告は無視された。

ギリシャ神話に、未来を予言しても誰にも信じてもらえない、カサンドラという娘が登場するが、今日の社会には、ボイジョリーのように、信頼できるデータをもとに警告を発しても無視される「現代のカサンドラ」が無数にいる。

ボイジョリーは勇気ある行動をとったが、それはキャリアの終わりを意味した。爆発事故のあと、彼は内部告発や倫理問題に関する講演で生計を立てている。航空宇宙業界では再就職先を見つけられなくなったからだ。彼は自分の苦い経験をもとに、内部告発をするときは次の仕事を見つけておくよう聴衆にすすめている。

どんなに立派な行為でも、異論を唱える人間が組織に受け入れられることはまれだ。しばらく前に、スーツ姿のとりまきを従えた産業界の大物が、次のように叫んでいる風刺画を見た。「反対意見のある方は、挙手をして辞意を表明してください」。やっかいな真実を語ろうとする者は、組織から手ひどいあつかいを受けることが多い。エンロンのシェロン・ワトキンスしかり、FBI捜査官で批評家のコリーン・ローリーしかり。しかし、真実を上層部に伝えてくれる部下ほど、組織にとって価値ある者はいない。

それにもかかわらず、組織は悪いニュースを抹殺するためなら、ときに社会倫理にもとる愚行さえおかす。危険性が報告されている自動車やトラックの車種をひた隠す自動車業界は、その顕著な例だ。これに対して本物のリーダーは、どんなに耳が痛いことでも貴重な真実を話してくれる人物を歓迎する。

無批判に追従するとりまきほど、リーダーを堕落させるものはない。反対派の指摘は、常に正しいわけではないが、リーダーに自分の立場を見直し、これまでの仮定を点検し、弱点を発見する機会を与えてくれる。

よいアイディアは、批判されることでさらに磨かれる。上司に真実を伝えるのは勇気がいるだけでなく、罰を受けることさえあるかもしれない。しかし、その行為こそがリーダーシップなのだ。たとえ今の仕事を失うことになっても、もっとすぐれた組織で活躍する機会が与えられるだろう。

† 創造的な協力関係

「すぐれたリーダーとフォロワーは、創造的な協力関係を形成する」。これは、本書の初版を書き上げたあとで、私が学んだことだ。リーダーのことを芸術家や孤高の天才のように考えている人は相変わらず多い。しかし、どれほど才能にめぐまれていたとしても、ひとりの人間がすべての問題を解決できた時代は遠く過ぎ去った。

現代の問題は複雑で、しかも突然あらわれることが多い。そのため、個人ではなく集団でなければ対処できない。「偉大な集団」を率いる人間は、メンバーが持つ能力をすべてそなえているわけではない。

リーダーに必要なのは、ビジョン、人々をまとめる能力、そして高潔さだ。キュレーターやコーチとしての卓越した能力も求められる。有能な人物を見抜く目、正しい選択肢を選びだす能力、周囲を巻きこむ楽天性、他者の一番よいところを引きだす能力、対話を促し、紛争を仲裁する能力、公正な感覚、そしてもちろん、自分自身であることや、信頼の基盤となる誠実さも欠かせない。

あらゆるものが以前より複雑で加速化している現代では、他者と協力し、大規模な共同作業を推進する力がますます重要になっている。

九・一一は真珠湾攻撃以来の規模で、アメリカ人の生活を変えてしまった。変化のスピードは速まっている。そうした変化を受け入れ、祝福する方法を見つけなければならないが、中には受けとめることがむずかしい変化もある。九・一一はその最たるものだ。南北戦争からこのかた、アメリカの領土が戦場になったことは一度もない。不平等と人種差別は依然としてはびこっているが、この国は目を見張る自由と多様性を手に入れた。しかし、九・一一によって、「安全な国」というアメリカのイメージは音を立てて崩れた。

二〇〇二年にバリのナイトクラブで起きたテロリストによる爆破事件は、明らかに西洋人をねらったものだった。ワシントンDC郊外でも狙撃事件が続き、アメリカ人は、自国の安全性にますます不安をいだくようになった。

アメリカ人は、九・一一をまだ完全には受け入れていない。何千もの貴重な命が失われた意味を求めて、人々はこの大惨事が無意味ではなかったことを示す教訓を、がれきの山の中から見つけだそうとしている。

確実にいえることがあるとすれば、世界の危険性が高まるにつれて、あらゆる組織や機関で、リーダーシップがかつてないほど求められるようになっていることだ。

†「試練」という経験

二〇〇二年、ボブ・トーマスと私は、リーダーシップが生まれる前には必ずなんらかの節目となるできごと、とくにストレスに満ちたできごとが起きることを発見した。

リーダーを生みだすこの経験を、我々は「試練」と呼ぶ。以前、あるインタビューで、なぜリーダーシップに興味を持つようになったのかと問われ、私はこう答えた。「リーダーシップについて考えることなく、一九三〇年代と四〇年代を生き抜くことはできなかったからです」

当時、世界には偉大なリーダーたちがいた。ルーズベルト、チャーチル、そしてガンジー。その一方で、ヒトラーやスターリンのように強大な権力をおぞましい形でふるった男たちもいた。彼らはリーダーシップの本質を誤解し、何百万人もの罪のない人々を殺戮《さつりく》した。同世代の多くの人々と同じように、私にとっての試練は、大恐慌と第二次大戦の戦場だった。

本書の初版が出た段階では、私はまだ、試練がリーダーになるための必須項目であることを十分には理解していなかった。人がリーダーになる過程では、試練が魔法のような役割を果たす。転機となる試練は人それぞれだ。マンデラにとっての刑務所時代のような過酷なものもあれば、すぐれた先達の指導を受けるといった、それほど苦しみを伴わないものもある。いずれにしても、その人本来の資質に試練が加わることによって、リーダーシップは磨かれ、新しいスキルがもたらされる。

試練を通して鍛えられたリーダーは、どんなに過酷な状況に置かれても楽天性を失わず、チャレンジ精神はいよいよ旺盛になる。希望を捨てず、困難にあっても屈することはない。

リーダーシップの導師であるアビゲイル・アダムズは、この点を正しく理解していた。一七八〇年、彼女は息子のジョン・クインシー・アダムズ（のちの第六代米国大統領）にあてた手紙の中で、「平穏な生活や凪《な》いだ海辺からは、偉大な人格は生まれません」と助言している。「何事にも屈しない強い心は、難題に取り組む中でつくられるのですよ。窮状におちいったときに初めて、すばらしい美徳が呼び覚まされるのです」

第二次大戦が二〇世紀後半のリーダーを鍛えあげたように、ネットバブルの崩壊と九・一一という試練は、まったく新しい世代のリーダーを生みだすだろう。そうなれば、我々はこの悲劇を嘆くばかりでなく、祝福することもできるようになるのではないだろうか。

† 四つの能力

本物のリーダーにそなわっている資質の中でも、とくに重要なのは次の四つである。

第一に、本物のリーダーには、他者が共感できる意義を見出し、周囲を巻きこむ能力がある。リーダーはビジョンを持っているだけでなく、他者を説得し、自分のビジョンを共有してもらうことができる。この能力を忌まわしい形で使ったのが、ヒトラーだ。ヒトラーの行為は、リーダーのレトリックとパフォーマンスが果たしうる、もうひとつの役割を示している。

リーダーが自分のビジョンを広めることができるのは、メンバーの悩み、希望、ニーズを察知する精妙なアンテナを持っているからだ。どの分野でも、すぐれたリーダーには豊かな共感能力がそなわっている。

第二に、本物のリーダーは自分を明確に表現できる。

ここには、「目的」「自信」「自意識」、そしてダニエル・ゴールマンの著書によって、現在では「EQ（エモーショナル・インテリジェンス指数）」として知られる能力など、さまざまなものがふくまれる。自己表現とは何かを定義することはむずかしいが、これが非常に重要な資質であることは間違いない。

二〇〇〇年の大統領選挙で、アル・ゴアが敗れた理由のひとつは、自己表現の欠如にあったといわれている。ゴアに会った人は、彼の知性、良識、ビジョン、そして皮肉っぽいユーモアのセンスに魅了される。しかし選挙戦では、その人となりが有権者に伝わらなかった。これに対して、ジョージ・W・ブッシュ大統領は、自分をみごとに表現した。それは、政治家としてのブッシュを批判する人々でさえ認めるような、親しみやすく控えめな人物像だった。こうした人物像は今やメディアに乗って世界中に伝えられるため、自己表現のスキルは、かつてないほど重要になっている。

第三に、本物のリーダーには誠実さがある。

最近は、誠実さの重要性を改めて考えさせられることが多い。というのも、企業のリーダーのじつに多くが、誠実さに欠けていることが明らかになったからだ（彼らは今や、リーダーではなく〝狡猾《こうかつ》なイタチ〟と呼ばれる）。

誠実な人は、自分の中に明確な倫理基準を持っている。それは宗教的な神への信仰というよりは、自分の外側にある何かに対する揺るぎない信頼だ。コンシューマリズム（消費者主義）に対するラルフ・ネーダーの献身は、そのよい例である。

リーダーシップでは、常に人格が重視される。リーダーにとって人格がいかに重要かを指摘した言葉の中で、私がとくに気に入っているのは、デービッド・マカルーがハリー・トルーマンを評していった言葉だ。

マカルーは、『Character Above All（人格がすべて）』に収められたエッセイで、「大統領職に関するかぎり、もっとも重要な資質は人格である」と述べている。「人格は、外交政策や経済、もっといえば政治に関する知識よりも重要だ。いざというとき（大統領にとって、それ以外のときがあるだろうか）どう決断するか。どちらの道を選ぶか。どれだけ勇気をふるいおこせるか。トルーマンは、自らの英雄であったアンドリュー・ジャクソンについて、こう語っている。『決闘相手と対峙するのは勇気がいるが、友人にノーという勇気はそれに勝る』」

しかし、私がリーダーの資質の要と考えているものは、第四の適応力だ。適応力のあるリーダーは、絶え間ない変化にもすばやく、理性的に対処できる。

過去一三年間で我々をとりまく状況は一変し、意思決定のプロセスもがらりと変わった。心理学者のカール・ワイクがいみじくも述べたように、昔のリーダーは「地図」に頼ることができた。しかし、ものごとがたえず変化し、これといった焦点もないデジタル時代のリーダーは、「コンパス」に頼るほかない。ワイクはこう説明する。「当然のことだが、地図は既知の世界、すなわち、すでに図表化されている世界でしか役に立たない。おおまかな方角以外、自分がどこにいるのかもわからないときはコンパスが役に立つ」

適応力のあるリーダーは、まず行動し、あとから結果を評価する。従来の意思決定モデルでは、データを集め、それを分析してからでなければ行動できない。しかし今日のリーダーは、もっとも重要なものはスピードであり、ときにはすべてのデータがそろう前に行動を起こさなければならないことを知っている。行動を起こしたらその結果を評価し、軌道を修正し、すばやく次の行動に移る。

適応力にはさまざまなものがふくまれるが、そのひとつは立ち直る力、心理学者がいうところの「ハーディネス（頑健性）」だ。また、すばやく適切に行動できる人は、例外なく「第一級の眼力」も持っている。これは小説家ソール・ベローが、自らの作品の登場人物を指していった言葉だ。適応力は一種の創造力であり、そこにはチャンスを見つけ、つかみとる能力もふくまれる。

私はこれまでに何百人もの男女がリーダーになる過程を見てきたが、彼らが必要な師を確実に見つけてくることには何度も舌を巻いた。私自身も、若いころはすばらしい師を見つけ、その胸を借りていたように思う。これは、単なる人脈づくりよりもずっと複雑で、重要な能力だ。彼らは、自分の人生を大きく変える力を持っている一握りの人々を見つけ、自分の味方につけてしまう。ここ数十年は、この様子を師の側から見てきたが、私の関心を引き、なんとしても助けたいと思わせてしまう若者たちには感嘆するばかりだった。この能力なしに、リーダーになることはできない。

もっとも、これは他の霊長類も採用している成功戦略のようだ。スタンフォード大学の神経科学者ロバート・サポルスキーは、オスのヒヒを研究するうちに、個体の寿命は多くの場合、自分よりも若くて強いオスを味方につけ、守ってもらうことができるかどうかで決まることを発見した。年長者が若手を指導するのは、単に若手を育てるためではない。これは、両者に利益をもたらす求愛のダンスなのだ。

年長者といえば、私は年配のリーダーの適応力にいつも驚かされている。以前にもまして、リーダーになるプロセスは、健全でみごとに調和のとれた人間になるプロセスに等しいと確信している。それはまた、豊かに年を重ねるプロセスでもある。

適応力という言葉を聞いて、私がまず思い浮かべるのは、証券取引委員会の委員長だったアーサー・レビット・ジュニアだ。アーサーは自らの適応力を生かして、何度も自分をつくりかえた。ウォールストリートとアメリカ株式会社に関する著書はベストセラーに名をつらね、現代のアメリカン・ビジネスに関する批評家としても、引く手あまただ。彼は、年とともにリーダーとしての輝きを増し、その卓越した適応力はますます磨かれ、彼の成長を促している。

†自分自身であれ

いつの時代にも、リーダーシップは人格と「自分自身であること」にかかわっている。心理学者のウィリアム・ジェイムズは、かつて次のように語った。

「よく思うのだが、個々の人格を定義する最良の方法は、その人がもっとも活力にあふれ、全身で生を謳歌していると感じるときの、精神的もしくは道徳的な態度に目を向けることではないだろうか。つまり、その人の内なる声が『これが本当の私だ』と叫ぶ瞬間である」

一九八九年、私は読者に、「本当の自分」、すなわち自分の中のもっともいきいきとした部分、もっとも自分らしい部分を見つけ、育てることを強くすすめた。それは今も同じだ。本当の自分を見つけ、育てることこそ、リーダーになるもっとも確実な方法である。

インタビューしたリーダーたち

本書を執筆するにあたって、私はたくさんのリーダーにインタビューを行った。本文に入る前に、彼らの略歴をまとめて紹介しておこう（五〇音順）。

アルフレッド・ゴットシャルク［元ヘブライ・ユニオン・カレッジ学長。社会活動家］一九三〇年、ドイツ生まれ。一九三九年にアメリカへ移住。ブルックリン・カレッジで学士号、南カリフォルニア大学で修士号と博士号、ヘブライ・ユニオン・カレッジで学士号を取得。ラビとなってヘブライ・ユニオン・カレッジで教鞭をとり、一九七一年に学長に就任。現在は同校の名誉学長として、市民活動、社会奉仕活動、教育・宗教関連の活動に取り組んでいる。

アン・ブライアント［米国大学女性協会（AAUW）の元常任理事］一九四九年、マサチューセッツ州ボストン地区生まれ。シモンズ・カレッジで英語の学士号、マサチューセッツ大学で教育の博士号を取得。一九七四〜八六年、シカゴの団体管理会社P・M・ヘイガー&アソシエイツで専門教育部門の副社長を務める。その後、女性の平等を推進する全国組織、AAUWの常任理事に就任。現在は、全米教育委員会協議会（NSBA）の常任理事として、全国一万四五〇〇超の学区が抱える問題に取り組んでいる。

エドワード・C・ジョンソン三世［フィデリティ・インベストメンツのCEO］一九五四年、ハーバード大学卒業。五七年にリサーチアナリストとしてフィデリティ・インベストメンツに入社。

その後フィデリティ・トレンド・ファンドのポートフォリオマネジャーとなる。現在は、フィデリティ・インベストメンツの取締役会会長兼CEO。

クリフトン・R・ウォートン・ジュニア［全米教職員保健年金協会・退職年金基金（TIAA—CREF）の元会長兼CEO］ボストン生まれ。一六歳でハーバード大学に入学し、歴史の学士号を取得。在学中に全米学生協会（NSA）を組織し、事務局長に就任。ジョンズ・ホプキンス大学先端国際研究学部で国際問題の修士号、シカゴ大学で経済学の博士号を取得。名誉学位多数。ミシガン州立大学の学長、ニューヨーク州立大学システムの総長を歴任。一九八七〜九三年にTIAA—CREFの会長兼CEOとなり、アフリカ系アメリカ人として初めて、「フォーチュン500」に名を連ねるサービス企業のトップに就任した。

グロリア・アンダーソン［編集者、新聞社幹部］テキサス大学ジャーナリズム学部卒。ウィスコンシン大学で修士号を取得。AP通信で記者、「シンシナティ・エンクワイアラー」「シャルロット・オブザーバー」で編集者、「ナイト・リッダー」「マイアミ・ニュース」で編集長を務める。「マイアミ・トゥデイ」の創刊、編集、発行に携わった後、「ケンドール・ガゼット」の編集と発行に従事。ニューヨーク・タイムズ・シンジケートのトップを経て、現在は「タイムズ」のニュースサービス部門で国際・編集部副社長を務める。

グロリア・スタイネム［作家、活動家、「ミズ」の初代編集長］オハイオ州トレド生まれ。一九五六年にスミス・カレッジを卒業。チェスター・ボウルズ研究奨励金を得てインドに二年間滞在。帰国後ニューヨークでライター、ジャーナリストとなる。「ニューヨーク」と「ミズ」の初代編集長。女性の権利や自由など、道徳・政治問題に関する発言で知られる。全米女性政治連盟（NWPC）の共同創設者。講演者としても人気が高く、複数の著作がベストセラーとなっている。主な著書に『プレイボーイ・クラブ潜入記』（三笠書房）、『ほんとうの自分を求めて』（中央公論新社）など。

ジェイミー・ラスキン［ボストン市元検事総長補、法学教授］一九六二年、ワシントンDC生まれ。ハーバード大学を優等で卒業。研究奨励金を得てヨーロッパに一年間留学。執筆活動に従事したのち、ハーバード・ロースクールに入学。学部時代に連邦議会のインターンを経験。現在、ワシントンDCのアメリカン大学で憲法学教授を務める。

ジェームズ・バーク［ジョンソン&ジョンソン元会長兼CEO］一九二五年、バーモント州ラットランド生まれ。ホーリークロス大学を卒業後、ハーバード・ビジネススクールでMBAを取得。一九五三年にジョンソン&ジョンソンにプロダクトディレクターとして入社。五五年に新製品担当ディレクター、七三年に社長、続いて会長兼CEOに就任。八九年に同社を退職し、「ドラッグ・フリー・アメリカのためのパートナーシップ」会長となる。二〇〇二年より名誉会長。

シドニー・ポラック［映画ディレクター、プロデューサー］一九三四年、インディアナ州ラファイエット生まれ。ニューヨークで、伝説的な演劇教師スタンフォード・マイスナーに師事し俳優として活動。その後、テレビの黄金時代に監督業に進出。監督・プロデューサーとしてかかわった映画は二〇本を超える。代表作は『ひとりぼっちの青春』『追憶』『コンドル』『愛と哀しみの果て』『トッツィー』『ザ・ファーム／法律事務所』など。アカデミー賞ノミネート回数は四〇回以上。うち四回は作品賞へのノミネート。『愛と哀しみの果て』は作品賞、監督賞、脚本賞など七部門でオスカーを獲得。名作『トッツィー』はニューヨーク

批評家協会賞を受賞。映画製作の第一線で活躍し、批評家賞や業界賞を獲得しつづけている。（二〇〇八年没）

シャーリー・ハフステッドラー〔弁護士、元判事、元教育省長官〕一九二五年、コロラド州デンバー生まれ。スタンフォード大学で法学の学位を取得した後、五〇年にロサンゼルスで開業。六一年にロサンゼルス郡上級裁判所の裁判官、六六年にカリフォルニア州控訴裁判所の陪席裁判官に指名される。六八年にはジョンソン大統領から連邦控訴裁判所の判事に指名され、七九年にはカーター大統領から教育省長官に任命された。八一年に長官職を辞してからは弁護士として活動。ロサンゼルスの法律事務所モリソン&フォースターの上級弁護士となった。

ジョン・スカリー〔アップルコンピュータ元CEO、ベンチャーキャピタリスト〕一九三九年、ニューヨーク市生まれ。ロードアイランド・スクール・オブ・デザインで学んだ後、ブラウン大学を卒業。ペンシルバニア大学ウォートン校でMBAを取得。ペプシコのマーケティング部門に入社し七四年に社長兼CEOになるが、アップルの共同創設者スティーブ・ジョブズに請われ、七七年にアップルの社長兼CEOに就任。一〇年にわたって数々のマーケティングキャンペーンを手がけ高評価を得た。未来をテーマにした著作や講演は人気が高い。現在はベンチャーキャピタル、スカリー・ブラザーズのパートナー。

ドン・リッチー〔ラッキーストア元CEO〕サンディエゴ州立大学卒業。大学時代にアルバイトとして勤めたラッキーストアにそのまま入社し、CEOにまでのぼりつめた。現在は、カリフォルニア大学バークレー校、スタンフォード大学、南カリフォルニア大学など、多くの大学で経営やマーケティングの授業・講演を行っている。また複数の企業で取締役を務め、カリフォルニア州ダンビルで政治活動、市民活動、社会奉仕活動にも携わっている。

ノーマン・リア［脚本家、テレビ・プロデューサー、言論の自由の擁護者］一九二二年、コネティカット州ニューヘブン生まれ。エマーソン・カレッジで学び、第二次大戦中は空軍に所属。四五年にコメディ作家として誕生まもないテレビの世界に飛びこむ。脚本家兼プロデューサーとして『オール・イン・ザ・ファミリー』『モード』『メアリー・ハートマン、メアリー・ハートマン』など革新的番組を世に送りだした。また政治や人権問題に関するリベラルな発言でも知られる。二〇〇〇年にインターネット企業家のデイビッド・ヘイデンとともに米国独立宣言の原本を八一〇万ドルで購入。アメリカ国民の目に触れることを願い、全米で巡回展示した。

バーバラ・コーディ［テレビ局元幹部］ニューヨーク市の演劇一家に生まれる。小さな芸能プロダクションを経て脚本家に転身。バーバラ・アヴェドンとコンビを組み、多数のテレビ番組を担当。いくつかのテレビシリーズでは、エグゼクティブ脚本コンサルタントも務めた。ＡＢＣ–ＴＶの経営に携わった後、コロンビア・ピクチャーズ・テレビジョンにインディペンデントプロデューサーとして入社、併行して自身の会社を立ち上げる。一九八四年、コロンビア・ピクチャーズ・テレビジョンの社長に就任。コロンビア／エンバシーテレビジョンの社長兼ＣＥＯを経て、ＣＢＳの副社長に就任する。現在は南カリフォルニア大学スクール・オブ・シネマ・テレビジョンの映画・テレビ製作学科学科長。

ハーブ・アルパート／ジル・フリーセン［Ａ＆Ｍレコードパートナー］レコードレーベル「Ａ＆Ｍレコード」を率いた非凡な三人組の二人（もうひと

りはジェリー・モス）。一九九〇年に同社をポリグラムに五億ドル以上で売却。アルパートは演奏家でもあり、自身のバンド「ティワナ・ブラス」とともに六〇年代のポピュラー音楽に重要な足跡を残した。プラチナムレコードやグラミー賞を何度も獲得。ビジネスとアートの両面で革新的活動を続ける。ハーブ・アルパート財団代表。二〇〇〇年には、モスとともにA&Mの音楽出版社ロンドールをユニバーサル・ミュージック・グループに売却。売却金額は四億ドルともいわれる。フリーセンはゼネラルマネジャーとしてA&Mレコードに入社、一九七七年に社長に就任。同社の音楽事業を拡大させ、A&Mフィルムズを設立。『ブレックファスト・クラブ』などの作品は興行的にも成功を収めた。一九九七年に退職し、ケーブルネットワーク「クラシックスポーツ」の立ち上げに参加。現在はデジタルエンターテインメントネットワーク取締役。

フランシス・ヘッセルバイン［全米ガールスカウト連盟元専務理事、作家］ペンシルバニア州出身。ボランティア出身者として初めて全米ガールスカウトのCEOに就任。一九七六～九〇年まで同職を務め、「フォーチュン」で「アメリカ最高の非営利団体経営者」に選出された。アメリカ国民に与えられる最高の栄誉といわれる「大統領自由勲章」も受勲。「非営利団体経営のためのピーター・F・ドラッカー財団」初代代表。著書も多く、二〇〇二年に刊行された『Hesselbein on Leadership（ヘッセルバイン、リーダーシップを語る）』はベストセラーとなった。

ブルック・ナップ［飛行士、企業家］一二〇以上の飛行速度記録を持つ世界的に著名なパイロット。航空機のチャーターサービスを提供するジェット・エアウェイズの創業者。カリフォルニア航空・空港委員会の元会長。連邦航空局の優秀サービス賞受賞者。南カリフォルニアで不動産事業などを営む事業家でもある。現在は企業や組織にフライトサービスを提供するマイジェッツ・インクの取締役。

ベティ・フリーダン［作家、全米女性機構（NOW）共同創設者］一九四二年に女子大学のスミス・カレッジを首席で卒業、カリフォルニア大学バークレー校大学院に進学。妊娠した際に新聞社を解雇されたことをきっかけに、スミス・カレッジの卒業生のその後の人生を研究。この研究がフェミニズム運動の古典的著作『新しい女性の創造』（大和書房）の執筆につながった。NOW、全米女性政治連盟（NWPC）、国際フェミニスト会議、女性のための経済シンクタンク「ファースト・ウィメンズ・バンク」を設立。一九九三年には老いをテーマにした先駆的な書『老いの泉』（西村書店）を上梓。南カリフォルニア大学などで客員教授を務めながら、社会・政治問題に関する研究、執筆、発言を続けている。（二〇〇六年没）

ホレス・B・ディーツ［全米退職者協会（AARP）顧問］AARPで昇格を重ね、五〇歳で常任理事に選任される。ディーツの指揮下でAARPは存在感を強め、急増する五〇歳以上のアメリカ人の代弁者となった。AARPに入る前は雇用機会均等委員会に所属。教職や学校運営の経験も持つ。アラバマ州のセントバーナード・カレッジで学士号、ワシントンDCのカトリック大学で修士号取得。

マイケル・B・マギー［南カリフォルニア大学元体育理事］デューク大学時代にフットボールの名タックルとして活躍し、全米代表に選ばれる。同校でビジネスの学士号を取得した後、セントルイス・カージナルスに入団したがケガで退団。デューク大学の副コーチに就任する。二九歳でヘッドコーチに。その後、博士号を取得して体育行政に転じた。一九八四年に南カリフォルニア大学体育理事に就任。現在はサウスカロライナ大学の体育理事。

マチルド・クリム［科学者、エイズ問題活動家］スイスのジュネーブ大学で博士号取得。イスラエルのワイツマン科学研究所で細胞遺伝学や発ガン性ウィルスに関する研究に従事。同研究所では政界初の出生前性別検査を実現したチームに所属。その後、コーネル大学医学部の研究員となり、スローン・ケッタリング癌研究所ではインターフェロン研究所の所長を務めた。米国エイズ研究財団（AmFAR）を創設し、初代会長と理事長に就任。その功績に対して多数の名誉学位や章を授与されており、二〇〇〇年には「大統領自由勲章」も受勲した。

マーティン・キャプラン［ウォルト・ディズニー元幹部］一九五〇年、ニュージャージー州ニューアーク生まれ。ハーバード大学で分子生物学の学士号、スタンフォード大学で近代思想・文学の博士号を取得。ホワイトハウスのスピーチライター、ジャーナリスト、大統領選の副キャンペーンマネジャーなどを経てディズニーに入社。同社には一二年間在籍し、副社長を務めたほか、ライター、プロデューサーとしても活躍。エディ・マーフィ主演の映画『ホワイトハウス狂騒曲』では脚本と製作総指揮を担当した。現在、南カリフォルニア大学アネンバーグ校副学部長、ノーマン・リア・センター所長。

ラリー・ウィルソン［企業家、ウィルソン・ラーニング・コーポレーション創設者、元CEO］ケンタッキー州ルイスビル生まれ。ミネソタ大学卒。一年間教師として働いたのち、保険のセールスマンとなり、二九歳で世界中の生命保険・金融サービスの専門家が集う団体「ミリオンダラーラウンドテーブル」の最年少終身会員になる。一九六五年に設立したウィルソン・ラーニング・コーポレーションは、世界規模の、企業研修・研究企業に成長。同社をジョン・ワイリー&サンズに売却後、ワイリーと共同でウィルソン・ラーニング・インタラクティブ・テクノロジー・グループを設立。成人学習を推進する大企業からなる団体「アライアンス・フォー・ラーニング」の創設者。組織コンサルタントとしても人気が高い。

リチャード・シューバート［アメリカ赤十字の元CEO］ニュージャージー州トレントン生まれ。マサチューセッツ州クインシーにあるイースタン・ナザレン・カレッジを経て、一九六一年にイエール・ロースクールを卒業。ベスレヘム・スティールに法務担当者として入社。七一年、労働省の法務官に指名され、後に次官に就任。七五年、ベスレヘム・スティールに復職し四年後、社長に。八二年に退職、翌年アメリカ赤十字の社長となる。赤十字のコンピュータ化をなしとげ、八九年に退職。九〇〜九五年まではポインツ・オブ・ライト財団の会長兼CEOを務めた。現在はエグゼクティブ・コーチング・ネットワーク社上級副社長。

リチャード・フェリー［コーン／フェリー・インターナショナル共同創設者、元社長］世界最大手のヘッドハンティング会社コーン／フェリー・インターナショナルの共同創設者。同社は一九六九年の創業以来、企業や組織のリーダーシップに大きな影響を与え、コンサルティングサービスを通して業界の発展に寄与している。取締役、社長を歴任した後、九五年に退職、現在は教育活動、市民活動、慈善活動などに取り組んでいる。

レン・ザフィロプロス［バーサテック共同創設者、ゼロックス元幹部］船長の息子としてギリシャに生まれ、エジプトで育つ。リーハイ大学で物理学の学士号と博士号を取得。取得特許多数。アシスタントディレクターとして、クロマティック・テレビジョン・ラボラトリーズの研究開発部門で手がけた研究が、トリニトロンの開発につながった。静電印刷のパイオニアとして、一九六九年に仲間とヴァーサテックを設立。世界有数の静電印刷メーカーに育てあげた。同社は七九年にゼロックスと合併。現在は、ゼロックスを離れ、各地の大学や会議で講演を行っている。コンサルタント、著述家、船乗り、シェフなど多彩な顔を持つ。

ロジャー・グールド〔精神分析医、作家〕ノースウェスタン大学医学部で医学と公衆衛生の学位を取得。ロサンゼルス郡病院でインターンを経験したのち、カリフォルニア大学ロサンゼルス校（UCLA）付属病院の精神科に勤務。UCLA医学部精神科の元教員。現在は精神分析医として活動し、コンピュータを用いた治療にも関心を寄せている。著書に『Transformations:Growth and Change in Adult Life（変容——成人期の成長と変化）』がある。

ロバート・R・ドクスン〔カルフェドの元会長兼CEO〕イリノイ州生まれ。南カリフォルニア大学で修士号と博士号を取得。第二次世界大戦中は四年間、海軍に所属。その後ラトガース大学で教鞭をとり、続く六年間は金融エコノミストとして活動した。一九五四年、南カリフォルニア大学マーケティング学部の教授兼学部長に就任。六〇年に経営学部と経営大学院を設立し、一〇年にわたって同大学院の学長を務めた。六九年にカルフェド（カリフォルニア連邦貯蓄貸付会社の親会社）に入社。七〇年に社長、七三年にCEO、七七年に会長に就任。八八年に退職し、現在は大学関連の活動や市民活動、社会奉仕活動に携わっている。

第一章

現状を打破する

リーダーは心理状態の形成、すなわち社会の形成に大きな役割を果たす。リーダーは社会を結びつけている道徳の象徴となり、社会が共有している価値観を表現することができる。しかし何よりも重要なのは、目標を思い描き、それを明確に表現できることだ。その目標は、人々をちっぽけな先入観から解き放ち、社会を分断する争いから遠ざけ、一致団結して価値あるもののためにベストをつくせるようみちびく。

——ジョン・W・ガードナー
『No Easy Victories（勝利に近道なし）』

一九八七年一一月、「タイム」は特集記事の中で読者にこう問いかけた――「責任者は誰だ?」。そして自らこう答えている。「国民はリーダーシップを求めているが、この国にはたったひとりのリーダーもいない」

先日、検索エンジンのグーグルで「リーダーの不在」というキーワードを検索したところ、二万七〇〇〇を超えるページがヒットした。どのページも国際組織、国家、州、宗教団体、企業、非営利団体、専門家団体、教育、医療、スポーツなど、およそ人間が営む、ありとあらゆる活動の場でリーダーが不足していることを嘆いていた。

我々が敬意を表したリーダーたちはみな死んでしまった。恐怖に打ち勝てと国民に呼びかけたフランクリン・D・ルーズベルトも、血と汗と涙を求め、それを手に入れたチャーチルも鬼籍の人となった。ランバレネの密林から生命の尊厳を説いたシュバイツァー博士も今はない。無限の空間における統一性や宇宙的な調和の感覚を教えてくれたアインシュタインも地上を去って久しい。

ガンジー、ケネディ兄弟、マーティン・ルーサー・キング……、彼らはみな殺された。それは、「人間はもっと偉大で立派な存在になれる」と大衆に説くことは、死と隣りあわせの危険をはらんでいることを証明するようなできごとだった。

一方、今日の世界は堕落したリーダーであふれている。「テフロン大統領」の異名をとったロナルド・レーガンは、イラン・コントラ事件など数々のスキャンダルにまみれた。ビル・クリントンは、大統領就任前から個人的な不品行の噂がたえなかった。公選によって選ばれた米国大統領が、国民の前でこれほど大々的に弾劾され、非難を受けたことはない。

二〇〇〇年の大統領選挙は候補者の質よりも、選出までの紆余曲折で注目を集めた。結果はジョージ・W・ブッシュの勝利に終わったものの、追撃するアル・ゴア候補との差は一般投票で五〇万票にすぎなかった。この選挙は米国史上初めて、最高裁判所の判断で選挙結果が決まる事態となり、政治論争から超越していると考えられてきた司法のイメージを著しくそこなうことになった。

ブッシュ大統領は、二〇〇〇年九月一一日のテロ攻撃に（遅ればせながらも）力強く対応したが、二〇〇二年はイラクのサダム・フセインに対する戦いを呼びかけるばかりで、多くの国民が目下の最重要課題と考えていた一九七〇年代以来最悪の経済危機を無視した。

企業のリーダーたちはもっと悪かった。会計事務所大手のアーサー・アンダーセンなど、錚々《そうそう》たる有名企業で相次いで不正が明らかになると、国民とマスメディアは一様に首をひねった。リーダーはどこへ行ってしまったのか？　もちろん、スポットライトを浴びる機会は少ないものの、地道に組織をみちびいている有能な人々はいる――大学の学長、市長、州知事、非政府組織の代表といった人たちだ。しかし、個人の力ではどうにもならないできごとや状況が増える中、本物のリーダーはますます絶滅危惧種のような存在になっている。

以前、ミシガン大学の科学者が、社会をおびやかす十大危険なるものを発表した。この科学者が考える第一の、そして最大の危険は、人類を滅亡させかねない核戦争や原子力事故が起きることだった。二番目の危険は伝染病、疾病、飢餓、そして不況が世界を襲う可能性である。そして、くだんの科学者が社会を破滅させかねない三番目の問題とみなしたものは、経営者やリーダーの質だった。

この科学者は正しいと思う。我々は誰もが神聖侵すべからざる個人だ。行き着く先がどこであれ、思うままに舵を切って、自分の人生を楽しむことができる。もしリーダーがいなければ、二億八八〇〇万もの人間が長く団結していることはできない。一定のルールがなければ、一般道路やハイウェイを大量の車が走ることはできないし、クオーターバックがいなければ、一一人の選手はフットボールの試合を始めることができない。四人のハイカーがX地点からY地点へ向かったとしても、Y地点がどこにあるのかを知らなければ、誰もY地点にたどり着くことはできない。それと同じことだ。

無人島にひとりで暮らすなら、リーダーシップがなくても問題はない。二人でも、互いの相性がぴったりならやっていけるだろう。場合によっては、さらに豊かな暮らしを営むこともできるかもしれない。しかし三人以上になったら、誰かがリーダーシップをとらなければならない。そうでなければ、混乱が噴出する。

この数十年間、アメリカ人はリーダーなしでなんとかやっていこうとしてきた。しかし、試みの結果は上々とはいえない。その事実を素直に認めようではないか。

リーダーがいなければ社会は機能しない。市民生活の質はリーダーの質にかかっている。そしてすすんでリーダーになろうという人がいない以上、バトンはあなたに渡されている。一度でもリーダーになることを夢見たことがあるなら、今がそのときだ。ここが立ち上がる場所だ。リーダーはあなただ。この国はあなたを必要としている。

†リーダーが重要視される理由

なぜリーダーが重要なのか。その理由は基本的に三つある。

第一の理由は、組織が正しく機能するよう責任を持つのがリーダーだからだ。バスケットボールのチームであれ、地域の活動団体、映画の制作会社、あるいは自動車メーカーであれ、組織が成功するかどうかは、トップに立つ人間の器量で決まる。株価ですら、大衆がリーダーをどう評価するかで上下するのだ。

第二の理由は、過去に起きたさまざまな変化により、身を寄せる場所が失われたからである。人生にはよりどころが必要だ。人々は飛行機でいえば方向舵のような、人生の指針となる目的を必要としている。リーダーはそのニーズを満たす。

第三の理由は、組織の信頼性に対する懸念が全国的に高まっていることだ。今では想像もできないが、昔のウォール街は信用のおける紳士の街だった（ミュリエル・シーバートがニューヨーク証券取引所に乗りこむまで、ウォール街に女性はほとんどいなかった）。しかし、その名声は一九八〇年代にイワン・ボースキーやマイケル・ミルケンらの知能犯が引き起こした事件で汚され、二一世紀に入ると強欲で不誠実なCEOによって地に堕ちた。この連中は株主と従業員の両方をだましながら、莫大な報酬を受け取っていた。

エネルギー企業のエンロンが、アル・カポネもあきれるような会計手続きを採用していたことが明るみに出ると、かつては世間の賞賛をほしいままにしていた企業のリーダーたちが、手錠姿で自宅から連行される様子が次々とテレビに映し出された。

その後もタイコ・インターナショナル、イムクローン・システムズ、アデルフィア・コミュニケーションズといった企業の経営幹部が立てつづけに刑事告発を受けた。ワールドコム、グローバルクロッシングといったニューエコノミーの花形企業も不正会計疑惑をかけられ、破産に追いこまれた。すぐに取締役会、会計慣行、幹部人事、従業員の退職金制度の抜本的な改革を求める声があがった。米国民は大恐慌以来の真剣さで、この国のビジネスのやり方を徹底的に見直すことを求めた。

一連のスキャンダルは、かれこれ二〇年にわたってリーダーの育成に取り組んできた我々のような人間にはとくに切実な問題に映った。ビジネススクールの対応は早かった。各校はカリキュラムにエンロンとイムクローンの事例を反面教師として盛りこむとともに、倫理の科目を強化した。しかし、リーダーシップ教育に取り組む者として、我々が自問せざるをえなかったのは「我々は何をしそこなったのか」ということである。ビジネススクールの優等生が、なぜ誠実さとフェアプレーという根本原則を無視し、ときにはあざけりさえするようになってしまったのか。

深刻な欠陥を露呈したのは企業だけではなかった。米国のローマカトリック教会でも、聖職者による児童や若者の性的虐待といった前代未聞のスキャンダルが次々と明らかになった。一部の聖職者が子どもたちをあざむき、虐待したというのはそれ自体が衝撃的な事件だが、同じくらい物議をかもしたのは、各教会の上層部が虐待の事実を知っていながら、それを隠蔽《いんぺい》していたことである。教会幹部は、事実を隠すために危険な聖職者たちを別の教区に異動させたが、彼らは新しい教区でもわいせつ行為を繰り返したため、犠牲者はさらに増えた。

アメリカの主だった団体の中で、清廉潔白といえるところはなさそうだった。名門大学も例外ではない。二〇〇二年にはプリンストン大学の職員がイエール大学のシステムに忍びこみ、おそらくはライバル校から優秀な学生を奪うために出願関連のデータを閲覧していたことが明らかになった。

スキャンダルは政府機関にもおよんだ。テロリストたちが世界貿易センタービルとペンタゴンに飛行機で突入するために、期限切れのビザでアメリカの航空学校に通っていたことが明らかになると、国民は中央情報局（ＣＩＡ）は何をしていたのかと問いただした。ＣＩＡに関しては、二人のソ連スパイが職員になりすましていたことも発覚した。

連邦捜査局（ＦＢＩ）も似たり寄ったりだった。ここにも長年のスパイがいた。二〇〇二年にはＦＢＩがボストン地区のギャングを情報提供者として雇い、少なくともそのひとりが抗争相手を殺害し、無実の男性に罪をかぶせて刑務所に送るのを看過していたことも判明している。

嘆かわしい事件ばかりだが、こうしたできごとに対して我々はどんな手を打っているだろうか。仕事や日常の些事であわただしく過ぎゆく毎日の中で、我々にできることはあるのだろうか。

総じていえば、現代人は近年のどの世代よりも忙しい日々をおくっている。携帯電話などが普及したおかげで、いつでもどこでもコミュニケーションをとることが可能になり、仕事から離れることはかつてないほど難しくなった。あらゆるものが流動的で、先行きは読めない。目の前の状況にとらわれ、押しつぶされそうになっている人が多いことは、シンプルな生活を求める人が急増していることからも明らかだ。

現状を打破するためには、まず今の状況をながめ、分析する必要がある。しかし、自分が置かれている状況を客観視することは、魚が自分の棲む水を客観視するのと同じくらいむずかしい。

† 社会と経済を客観視する

あらゆるものが変化している。

M&A（企業の買収と合併）、規制緩和、情報技術、国際競争は、アメリカン・ビジネスの形と目的を変えている。

人口構造の変化、消費者の洗練、新しいニーズの登場は、市場の姿を変えている。

産業構造の変化、新たな戦略的提携、技術や様式の変化、株式市場の不安定性は、ビジネスのやり方を変えている。

競争激化、即時コミュニケーションの実現、世界の縮小と巨大な「地球村」の登場は、中国やキューバで進んでいる自由市場経済への移行や本格化しつつある欧州統合の影響とあいまって、アメリカと世界のかかわり方を変えている。

ニューエコノミーは失速したが、合理化の進んだ身軽な中小企業は、旧態依然とした大企業よりも多くの新規雇用を生みだしている。M&Aによって、超巨大企業が次々と生まれ、買収側が手早く多額の利益を上げる一方で、多くの労働者が首を切られている。アメリカの三大テレビネットワークは、いずれも自分たちより大きな企業に買収されるか経営権を握られ、ライバルネットワークやケーブルテレビ局にリードを奪われまいと四苦八苦している。また、コマーシャルをスキップする機能をそなえたビデオが登場し、商業テレビの経済基盤を根底から揺るがせている。

規制緩和は航空業界の様相を一変させ、新しい航空会社を生みだすと同時に、パンナムなどの古くからある航空会社を廃業に追いこんだ。また、二〇〇一年のテロ攻撃で航空機が空飛ぶ巨大爆弾として使われたことは、この業界に壊滅的な打撃を与えた。テロの余波でセキュリティチェックが厳しくなり、空の旅の魅力はかつてないほど衰えた。

高齢化はアメリカの経済はもちろん、文化をも変えつつあるが、変化の波はまだ感じられるようになったばかりだ。アメリカ企業はかつて、国内市場とヨーロッパ市場の大部分を支配していた。しかし現在は、出版をはじめ一部のセクターではヨーロッパ企業のほうが優勢にある。統一ヨーロッパが真価を発揮するのはこれからだとすると、この傾向は今後も続くと考えてよいだろう。域内の貿易障壁が撤廃され、ユーロの使用がさらに広まれば、ヨーロッパ諸国は域内取引を増やすはずだ。

かつては競争相手のいなかったウォール街も、今ではその他大勢のひとつにすぎなくなり、外国人投資家や通貨の変動、コンピュータプログラムの不具合、ウォール街の行動や発言を信用しなくなった国民といった予測できないリスクにさらされている。そして中国は、相変わらず世界経済にとって最大のワイルドカードでありつづけている。

「新秩序」の迷走ぶりは風刺の余地もないほどだが、ソロモン・スミス・バーニーのアナリストだったジュリアス・マルデュティスは数年前、その狂気をこんなふうに描写している。

「たしかな筋から聞いた話では、デルタ航空がイースタン航空を買収しようとしていて、イースタン航空はパンナムを買収しようとしているらしい。そのパンナムはユナイテッド航空にねらいを定め、彼らのキャッシュをすべて握っているそうだ。アメリカン航空のボブ・クランドール会長は不気味な沈黙を守っているが、自社のパイロットの合意さえ得られたら、すぐにでも航空業界全体に対して公開買付を行う準備を整えているという。それだけじゃない。今朝、航空業界の買収王フランク・ロレンゾと話をしたのだが、彼が次にねらっているのはペルーとボリビアだそうだ。コストの低い国で彼が買収をしかけるのは初めてのことだ」

彼の指摘の正しさを証明するように、これらの航空会社のうち二社はなくなって久しい。

ここ数十年で、実業界はいくつもの大変化を経験した。

三〇年前に一世を風靡した未来予測を覚えているだろうか。予兆はたくさんあったにもかかわらず、日本がいずれアメリカ経済に重大な影響をおよぼすことを予見した者はいなかった。日本は一九八〇年代の大半を通して、アメリカの経済国家としてのアイデンティティを揺るがせつづけた。これといった資源もない島国、第二次世界大戦で廃墟と化し、かつては安物の生産国として知られた人口過多の国が、である。

アメリカ人は、かつては自慢の種だった自国のノウハウや、世界でもっとも創造的な国という自己認識に疑問を持ちはじめた。アメリカはエジソンやフォードといった実業の天才を輩出してきた。この国のビジネス手法はもっとも堅牢で成功したものであったはずだ。ところが一時は、新型の自動車をデザインさせても、品質管理の方法を考えさせても、必ず日本人のほうがよい仕事をするように思えた。

自動車はもちろん、テレビや鉄鋼といったアメリカを象徴するような製品の製造と販売でも、日本はまたたく間にアメリカを追い抜いた。ビデオデッキを発明したのも、その所有率が世界でもっとも高いのもアメリカだが、アメリカ人が所有するビデオデッキのほとんどは日本や韓国の企業が製造し、販売している。

その後、日本が深刻な不況におちいり、また多くのアメリカ企業が日本のベストプラクティスを採用したことによって、日本経済に負けた屈辱感は忘れることができたが、自動車産業は相変わらず苦戦を強いられている。また、世界経済が複雑さを増すにつれて、アメリカの影響力にかげりが見えてきたことを示すデータも出てきている。

たとえば、一般家庭におけるビデオデッキの保有率は、二〇〇二年には九〇パーセントを超えていたが、DVD等の急速な普及により、巨大なビデオテープ産業は滅亡の危機に瀕した。わずか五年で、DVDは三〇〇〇万世帯に普及し、一二〇億ドル規模のダビング市場の半分以上をつかんだのである。これは中国が格安のDVDプレーヤーを売り出し、日本の市場独占に終止符を打ったことが大きい。

世界経済は揺れ動いており、どの国が次の震源地になるかは予測がつかない。ドイツは主要なプレーヤーであり、中国の重要性もさらに増している。多くのエコノミストの予測どおり、アメリカ経済がこれからも低成長を続けるなら、EUの拡大と統合が世界経済におよぼす影響を正確にいい当てることは不可能だ。

中東はどうだろうか。この二〇年間、この地域にいつか平和が訪れることを信じてきた世界は、過激なイスラム原理主義が台頭し、現代技術を使って西側諸国を混乱させ、世界経済の安定を脅かしはじめたことに動揺している。

二〇〇年前に「建国の父」たちがフィラデルフィアに集まって合衆国憲法を起草したとき、アメリカの人口は三〇〇万にすぎなかった。しかし、このたぐいまれな文書を書きあげた人々の中からは、世界レベルのリーダーが六人も生まれている。ワシントン、ジェファーソン、ハミルトン、マディスン、アダムス、そしてフランクリン。彼らはアメリカの礎を築いた。

そして現在、この国には二億八八〇〇万人が暮らしているが、我々は四年ごとに、国家の最高位にふさわしい卓越した候補者を、なぜ二人ですら見つけられないのかと首をかしげている。

一八世紀のアメリカを特徴づけるものが天才だったとすれば、一九世紀のアメリカを特徴づけるのは冒険家（ルイス・アンド・クラーク）、企業家、発明家や科学者（エリ・ウィットニー、トマス・エディソン、アレクサンダー・グラハム・ベル）、そして作家（ホーソーン、メルヴィル、ディッキンソン、ホイットマン、トウェイン）たちだ。これらのビジョンと大胆さをあわせもった男女がアメリカをつくりあげた。

二〇世紀のアメリカは、一九世紀のアメリカが約束したものを基礎に出発したが、何かがひどく間違ってしまった。第二次大戦後のアメリカを特徴づけるものは官僚、経営者、組織型人間、そして策士だ。こうした人々はアメリカの政府組織や民間団体を改革し、ときには破壊した。

明るいできごともあった。公民権運動の高まりや、科学技術分野でアメリカがなしとげた偉業はそのひとつだ。第二次大戦後のアメリカは世界でもっとも豊かで強い国だったが、一九七〇年代半ばになると、その強みは失われた。アメリカが力を失ったのは、方向性を失ったからだ。この国は、自らの存在理由を忘れてしまった。

一九六〇年代の反体制運動、それに続いて出現した「自己中心主義の時代」、一九八〇年代のヤッピー、その後に台頭したウォール街のゴードン・ゲッコーたちと強欲をよしとする人生観――これらはすべて、組織型人間の失敗と未熟さがもたらしたものだ。多くの国民が、アメリカには理性も良心もなくなったと感じ、国家と同胞から距離を置くようになった。

一九六〇年代には公民権運動や女性運動といったアメリカにとって意義ある活動が生まれたが、画期的といわれた活動の多くは頓挫した。アメリカは自由と民主主義を標榜したが、現実に登場したものは許認可と無秩序だった。

人々は新しい考えよりも手段やスローガンに興味を示した。アブラハム・マズローやカール・ロジャースといった導師は、我々は現実をつくりだすことができると説いた。人々はその言葉に従ったが、実質的には誰もが自分勝手なやり方を主張していたにすぎない。

アメリカらしさは常に、個人の権利と公共の利益のせめぎあいの中にあった。人々は、ライフルを手に馬にまたがって堂々と前進するジョン・ウェインの姿を愛し、あこがれる一方で、全員が力をあわせなければ駅馬車が大平原をつっきることはできなかったことも理解していた。現在、両者の緊張関係はかつてないほど高まっている。個人の野心がよき市民としての行動と一致しなくなったとき、アメリカは少しずつ一体感と善良さを失っていく。

建国の父たちは、合衆国憲法の基礎に「公共の美徳」をすえた。ジェームス・マディスンはこう書いている。「公共の利益……人々の真の財産……それこそ、我々が追求すべき究極の目標だ」。だが、一九二〇年代前半に時の大統領カルヴィン・クーリッジが「ビジネスこそ、アメリカのビジネスである」と述べたとき、この意見に反対する声はほとんどあがらなかった。

今では、公共の美徳より特定の集団の利益が優先されるようになり、最近では個人の関心事が最重要事項になることも多い。この国は、ロバート・ベラーらが著書『心の習慣』(みすず書房)の中で表現した「癒しを求める、自由放任の文化……生活の一部分を完結した箱庭のような世界に変えるために、必死に努力することを求める文化」へと移行していった。

二一世紀の人々は、経済的余裕さえあれば、自分だけの電子の城に閉じこもるようになった。自宅で仕事をし、外界とはコンピュータや携帯電話でやりとりする。人づきあいは携帯端末ですませ、映画はビデオで鑑賞し、料理は電子レンジにほうりこみ、肉体の管理はトレーナーに任せる。そして、先進的な警備システムを駆使して外界を遠ざける。

彼らは資産のない人々がどんな目にあおうと、それが社会にどんな損失を与えようとまったく興味を示さない。トレンドの評論家たちはこの現象を「コクーニング（繭ごもり）」と呼ぶが、むしろ自己中心主義のなれの果てといったほうが近い。

今世紀初頭に起きた市場の内部崩壊は、七兆ドル以上の個人資産を消滅させ、富裕層からいくばくかの富を奪ったが、貧富の差は今も危険なほどの広がりを見せている。「ウォールストリート・ジャーナル」と「ニューヨークタイムズ」はたびたび特集を組み、裕福なアメリカ人が自宅で過ごす時間が増えたことや、自室にこもったり、安売店で特売品を物色したりするようになったことを伝えた。しかし、豪邸に住んで倹約に精を出すというのは、マリー・アントワネットが羊の番のまねごとをするような退廃的な匂いがする。

長引く不況は、４０１ｋなどの企業年金制度や、同様の従業員拠出型年金に将来を託していた中産階級に壊滅的な打撃を与えた。ほとんど、あるいはまったく財産を持たない人々は、高騰する医療費への不安を募らせ、具合が悪くても病院には行かず、手元の薬を割って飲むような暮らしをおくっている。彼らはマスメディアが垂れ流す豊かさのイメージに翻弄され、いやな仕事にもこれまで以上に精を出しているが、住宅ローンの金利が近年でもっとも低い水準に下がった今も、家を持てる望みはまったくない。

アメリカが抱えていた経済的な不安は、九・一一という国家的トラウマによって一時的に薄らいだ。九・一一をきっかけに、ほとんどのアメリカ人が自分の人生を見つめ直し、優先順位を再検討した。死を目前にした男女が、愛する者に別れを告げようとツインタワーからかけた悲痛な電話の数々は、なんの落ち度もないのに焼け死ぬか一〇〇階から飛び降りて死ぬかの二者択一を迫られた人々のイメージとともに、国民の意識に深く刻みこまれた。

アメリカ人は数十年ぶりに、自分たちをひとつの国家として、民主主義の旗の下に集う個人としてとらえた。しかしこの一体感も、政府機関と国民の距離感を縮めることはなかった。

政府はますます好戦的になっていった。どんな犠牲を払っても、イラクのサダム・フセインに体現される「悪の枢軸」を抹殺しようとする政府に、人々は不信感をいだいた。国民の心は、国家のリーダーから離れていった。彼らはテロリズムをいいわけに、憲法が保障している保護を奪おうとしているように見えた。

アビゲイル・アダムスがいったように、「大きな苦しみ」はえてして偉大なリーダーシップを生みだすが、「痛み」は必ずしもそうではない。九・一一後、多くのアメリカ人がリーダーシップを、そしてテロリズムが飢えと同じくらいめずらしかったころのアメリカ（これはそう遠い昔の話ではない）を恋しく思うようになった。しかし、この悲劇からは、国家のあるべき姿やそれを実現するためのビジョンは生まれなかった。そのようなビジョンを国民に与えることのできるリーダーも見あたらなかった。

アメリカはテロ以外にも、さまざまな社会問題に悩まされている。中でも始末が悪いのは、半世紀以上にわたって都市部を荒廃させてきた忌まわしい「ビジネス」だ。都市部の貧困地域では相変わらず、クラック、ヘロイン、そして致死性の高い合成麻薬の販売が数少ない成長産業のひとつとなっている。麻薬依存は、アメリカの底辺層が一向に減らず、刑務所が受刑者であふれている一因となっている。アメリカでは石油よりも違法薬物に多くの金が費やされ、西側諸国でもっとも依存率の高い国という不名誉にあずかっている。

以上が我々の現状だ。一八世紀にフィラデルフィアの天才たちがつくりだし、一九世紀の血気盛んな後継者たちが花開かせたものは、政府や企業の凡庸なリーダーと受け身の部下たちによって巨大な機械に変質してしまった。無数の車輪は狂ったように泥をかくが、けっして前に進むことはない。

二〇世紀の最初の数十年間、実業界と政府はともに規模を拡大したが、それは相互干渉の歴史の始まりでもあった。官僚は大企業に規則や規制を押しつけ、経営者たちはロビイストを引きつれてワシントンに乗りこんだ。事態は膠着状態におちいった。そのような状況でものごとが進展するはずはない。経営者や官僚は庭師よりも技師に近い。何かを育てるより、機械をいじくりまわすほうが好きなのだ。

アイゼンハワー時代につくられた図体のでかいアメリカ車のように、今のアメリカも大きくなりすぎているのかもしれない。身体が大きいので思うように動けず、何かが起きてもすぐに的確な反応を返すことができない。

このことは九・一一によって痛々しいほど明らかになった。アメリカが誇ってきた安全保障機構が、実際には恐ろしいほど非効率な代物だったことがわかると、国民は衝撃を受け失望した。

ＦＢＩは熱心に情報を収集していたが、コンピュータネットワークの更新を怠ったために、集めた情報を迅速かつ適切に共有し、分析し、対処することができなかった。ＣＩＡはソ連崩壊後の自己改革に失敗した。新しい言語や技能を身につけ、新たな脅威にそなえることができなかった。

ＦＢＩとＣＩＡは、縄張り争いをしたことはあっても協力したことはなかった。重大な情報が飛びこんできても、ちょうど上司の手が埋まっていたり、担当者が別の仕事に追われていたりすれば、そこで情報がせき止められてしまう恐れがあった。こうしたシステム上の問題に、想定外のことが起きるはずはないという傲慢な考えがあわさったのだから、惨事が起こらないはずはなかった。

哲学者のアルフレッド・ノース・ホワイトヘッドは、次のように書いている。「中世の知識階級は外界から隔絶されていたが、今日では知性そのものが外界から隔絶されている。現代の知性は、たしかな事実にもとづいて具体的に考察する能力とはほど遠いものになっている」

今日の世界を「たしかな事実にもとづいて具体的に考察」してみると、あまりにも多くのアメリカ人が「結果がすべてだ」と信じていることがわかる。この視野の狭さがアメリカの首を絞めている。

†「短期的思考」から抜け出す

テレビプロデューサーで脚本家でもあるノーマン・リアは、テレビ業界に新風を巻き起こしてきた。リアの番組は収益面でも創造性の面でもめざましい成功を収めた。その彼との対話では、生き方や仕事にとどまらず、「現代社会の病理」と彼が呼ぶところの短期的思考にも話題がおよんだ。「まるで世論調査ですよ。この国にとって重要なことは何か、未来にとって最良の選択は何かではなく、短期間にA地点からB地点へ行くにはどうすればいいのかと聞かれるんです」

国民が短期的な成果に目を奪われるようになった原因はビジネスにある。リアは続ける。「ジョゼフ・キャンベルがいっていたのですが、中世では都市に近づくとまず大聖堂に目が吸いよせられたそうです。現代では雲つく商業ビルがその役割を果たしている。ビジネス、ビジネス、すべてがビジネスです。短期的な成果を追い求める傾向はいよいよ激しくなっています……ご存じのとおり、企業は因習を打破しようとする人や何かを革新しようとしている人には資金を提供しません。そうした試みは、リスクの高い長期投資だからです」

リアの指摘はまったく正しい。現代のアメリカを形づくり、動かしているものはビジネスだ。テレビですら、ビジネスの影響力にはかなわない。

ニューエコノミーが燃えつき、それと同じくらいの勢いでCEOの権威が失墜するまで、アメリカではビジネスリーダーが未曾有の人気を集めていた。人々は企業のスーパースターにこびへつらい、肝心の部分、つまり「本物のリーダーシップがどのくらい発揮されていたのか」を問うことはなかった。

人材会社コーン／フェリー・インターナショナルの共同設立者で元社長のリチャード・フェリーは、この短期的思考の問題を一〇年以上も前に指摘している。「二一世紀に成功を収めるために何が必要かと問われれば、アメリカ株式会社は体《てい》のいいことをいうでしょう。しかし、いざ意思決定の段になると、問題になるのは次の四半期の業績だけ。このシステムを動かしているものは、結局それなんです。この考え方でいけば、次の四半期の業績を引き上げてくれるものだけが重要で、あとはすべて二の次ということになる。悪循環です。この国では、短期的な結果にもとづいて報酬が支払われるようになっているのです」。目の前の数字だけを追い求めた結果、我々は変化しつづける世界をストップモーションでながめるようになった。

政治だけでなく、社会や経済の面でも世界は狭くなり、競争は激化し、憎悪は深まり、人々はますます野心的になっている。我々の先祖が英国の支配に挑んだように、アメリカ株式会社は今、日本と韓国、ほとんどの欧州諸国、スカンジナビア諸国、そしてオーストラリアから挑戦状をたたきつけられている。アラブ諸国ですら、石油資源を取り戻そうとしているのだ。

これらの新興勢力はアメリカが始めたゲーム、すなわち製造と販売の分野で、アメリカを打ち負かしつつある。とくに日本は、市場を戦場とみなし、貿易は究極の武器であるだけでなく、国の安全保障の源泉になると考えた。貿易は切り札でありイデオロギーにすら勝つという認識は、ソ連の崩壊を避けがたくしただけでなく、チェコ共和国などの旧ソビエト諸国がＥＵへの加盟を切望する理由となっている。

アジアやヨーロッパの国々は、アメリカより何百年も長い歴史を持ち、そのぶん知識も多く賢明だ。彼らは、政治体制やイデオロギーには盛衰があること、そして人間は政治より経済に動かされる生物であることを知っている。

アメリカはまだ、その場しのぎの解決策や手っとり早いもうけ話から卒業できていない。「結論はどこにもない」という新しい結論に、アメリカはまだ気づいていないのだ。

高名な詩人で、以前は保険会社の副社長でもあったウォレス・スティーヴンスは、「六つの暗示的な風景」と題された詩の中でうまいことをいっている。

四角い帽子をかぶった合理主義者は
四角い部屋で考える
床を見下ろし
天井を見上げ
直角三角形の中に
自らを閉じこめる
もし、それがひし形だったら
円錐形や波線や楕円だったら
たとえば、半月のような楕円だったら
合理主義者もソンブレロをかぶるだろう

アメリカもそろそろ四角い帽子を脱いで、ソンブレロやベレー帽をかぶり、新しい状況をじっくりと考える必要があるのではないだろうか。

今日のリーダーは無限のチャンスを与えられている。だが、難題もまた無限に多い。聡明さ、革新性、能力の点でいえば、現代のエリートは過去のどの世代のリーダーにもひけをとらない。

しかし、頂点にいたる道はかつてないほど険しく、待ち受けている落とし穴も多い。たとえ頂点に到達したとしても、その玉座はエベレストよりもすべりやすく、あぶなっかしい。

世界はきわめて不安定な状況にあるが、主要なプレーヤーがこれまでの考え方を変えず、現状になんの違和感も持たないなら、事態が根本的に変わることはないだろう。別のいい方をすれば、現在の状況はこの風潮に最適化された経営者を大量に生みだしているため、何もせずにいれば永遠に続いていく。

最近わかったのは、非常に多くのCEOが、リーダーではなくボスになってしまったことだ。アメリカを現在の姿にしたのはこうしたボスたちにほかならない。皮肉なことに、今日の企業スキャンダルが状況の産物であるように、こうしたボスたちも状況の産物である。彼らは現在の状況の完璧な写し鏡だ。意欲にあふれ、精力的に活動してはいるが、その努力は空まわりに終わっている。

リーダーになる道のりは、「状況をあるがままに認識する」ことから始まる。今の状況は破壊ではなく創造であり、落とし穴ではなく足がかりであり、終わりではなく始まりである。それを見抜くことができれば、現在の状況を脱することができるだろう。

† 状況に屈服する

ここで、苦境から抜けだすことができなかったひとりの男の話を紹介したい。

失敗より成功の話を聞きたいと思うかもしれない。欲しいものを得られなかった人のことなら、誰もが知っている。しかし失敗から学ぶことは、本書のもっとも重要なテーマのひとつでもある。

主人公の名前は仮にエドとしておこう。

エドはニューヨーク州ブルックリンで労働者階級の両親のもとに生まれた。頭がよく、野心的で、成功を固く心に誓っていたエドは、高校を卒業するとすぐに工場に勤め、仕事の後は夜学に通った。そして夜を日についで働き、やがて会計の学位を得ると工場の現場を離れ、その工場を所有していた製造会社の管理部門へ移った。

わずか数年の間に、エドはＭＢＡ（経営学修士）を持つエリートたちをごぼう抜きにして出世の階段を駆けあがった。彼は自分が単なる働き蜂ではなく、有能な実務家であることを証明して見せた。手際がよく有能でしたたかなエドは、ついに副社長の座まで登りつめた。

エドは会社人間だった。そのことは誰もが認めた。彼は会社がどうまわっているかを把握していただけでなく、それを改善することもできた。必要ならば、会社にとって不要な人間を切り捨てることさえいとわなかった。エドの下で働くのは楽ではなかったが、上司たちは例外なく彼を気に入った（当然だが、幹部社員のほとんどは男性だった）。エドは会社にすべてを捧げていた。仕事中毒で、常に全力で仕事に取り組み、仕事に打ちこんでいない人間にはいらだちを隠さなかった。

有能で熱心でタフなエドは、生き馬の目を抜くような一九八〇年代と九〇年代には理想的なエグゼクティブだった。彼の外見や行動を見ただけでは、この男がサウス・ブルックリンの貧民街で育ち、夜学を出てここまではい上がってきたことに気づく人はいないだろう。

実際、そのことはエド自身も忘れかけていた。容姿、服装、話し方のどれをとっても、エドはボスにそっくりだった。彼は魅力的で献身的な妻を得たが、彼女の容姿、服装、話し方もまたボスの妻にそっくりだった。ハンサムで行儀のよい二人の息子にめぐまれ、ウェストチェスターにある瀟洒《しょうしゃ》な家で暮らすエドは、気むずかしい批判屋だったが、本人が望むなら出世の見こみはまだまだあった。しかし、社長はエドと同じ五〇代前半で、引退する気はさらさらないようだった。


エドがそわそわしはじめたころ、同じ業界の同族経営の会社が新しい血を求めていた。その会社のCEOバクスターは、設立者の孫にあたる人物で、そろそろ引退を考えていたが、社内を見わたしても会社を託せそうな人物はいなかった。彼は、外部から人材を招いて副社長にすえ、その人となりとじっくり観察し、万事問題ないようであれば二、三年以内に会社を譲ろうともくろんでいた。会社はミネアポリスにあったが、人材スカウト会社はニューヨークのエドに目をつけた。

エドも、ミネアポリスに移ることがトップに至る近道だと考えた。彼はいつもどおりの手際よさで転職を実行し、家族はエディナにある、これまでよりも大きくて立派な家に移った。湖を見わたせる角部屋の広々としたオフィスをあてがわれたエドは、ほどなく中西部ののんびりしたペースにも慣れた。

しかし、彼は以前よりもあつかいにくい男になっていた。気に入らない人間にはこれまで以上につらくあたった。何事にもあくせくしないミネソタ気質の社員たちは、エドに「ブルックリンの爆撃機」というあだ名をつけ、ひそかに笑いものにした。しかし、エドが「跳べ」といえば彼らは跳んだ。

ミネアポリスに来て一年ほどたったころ、彼はバクスターからランチに誘われ、COO（経営執行責任者）にならないかと打診された。うれしかったが、驚きはしなかった。自分ほど働き、会社のことを研究している人間はいないのだから、自分よりCOOの座にふさわしい人間がいるはずはなかった。

もはや「爆撃機」の勢いはとどまるところを知らなかった。バクスターとエドは強力なチームとなった。温厚で社員をやる気にさせるのがうまいバクスターが会社の舵をとり、以前にもましてタフになったエドが実務面を引き受けた。もちろん、汚れ仕事はエドの担当だった。

こうして、バクスターは自分が引退したら社長の座はエドに譲ることを決めた。そしてその決意を、取締役でもあった親族に伝えた。ところが、ここでエドは生まれて初めて、自分のがんばりだけではどうにもならない事態に直面した。何人かの親族がバクスターに、エドはあまりにも頑固で、他の幹部社員へのあたりもきつすぎると進言したのだ。彼らは、エドの対人能力が改善されないかぎり、CEO就任には合意しかねるといった。

エドが動揺したのはもちろんだが、バクスターも動揺した。エドに帝王学を仕込んだら、早々に引退するつもりだったからだ。相談の電話を受けたバクスターの友人は、コンサルタントとして私を雇うことをすすめた。バクスターは私を呼び、自分を悩ませているジレンマをざっと説明すると、エドが対人能力を高められるよう手を貸してほしいと頼んだ。「CEOの座を手に入れるためなら、エドはなんでもするはずだ」と彼はいった。

何度も話しあい、熟考を重ねた結果、私は承諾した。五五年をかけてつちかわれた人柄を今さら変えることができるのかという疑問はあったが、興味をそそられる仕事だった。それに、ミネアポリスに行く用事は他にもあったので、この仕事を引き受けても生活が激変する心配はなかった。

次にミネアポリスへ出かけたとき、私はエドに面会した。そして二日間あとをついてまわり、彼の行動ややり方をつぶさに観察した。次の訪問時は、彼と仕事をしたことのある人全員と面接し、エド本人には一連の性格テストを受けてもらった。

当然、関係者はそれぞれの思惑から行動していた。引退したくてたまらないバクスターは、一刻も早く後継者にCEOの座を譲りたがっていた。反対派の役員たちは、この難局を打開する方法を求めていた。

しばらくたつと、エドに関する評判はすべて事実であることがわかった。彼はきわめて有能で意欲的だったが、暴君だった。一時の感情に流されやすく、部下をよくののしった。エドの前に出ると部下は身を縮めた。彼は人間も業務も自分がコントロールしなければならないと思いこんでいた。誰かがよい仕事をしても少しも感謝せず、ひとことの賛辞も口にしなかった。彼が性差別主義者だったことはいわずもがなだろう。

エドは、CEOになるための課題にも、いつものやり方――つまり、全身全霊をかたむけて取り組んだ。私のセッションを受けるうちに、彼はだんだんとつきあいやすい人間になっていった。とげとげしい部分は丸くなり、相手を不快にすることが減り、物腰がやわらかくなった。事業を細かく調整するときのような緻密さで、自分自身も調整するようになったのだ。

しかし、悪いニュースもあった。エドの努力にもかかわらず、社員たちは依然として彼を警戒していた。彼らは「新しい」エドを信用しなかった。取締役会の意見も依然として割れていた。「古い」エドのきまじめで実利的な性格を好んでいた人々は、物腰のやわらかくなったエドにとまどった。一方、エドの昇進に反対していた人々は彼の新しい欠点を発見した。意欲や能力があることは認めるが、ビジョンと品性が欠けているというのだ。

リーダーにとって、品性は意欲や能力と同じくらい重要であると信じている私は、彼らの意見に同意せざるをえなかった。品性は私が手伝って手に入るようなものではない。自分自身で獲得しなければならないのだ。前にも述べたが、リーダーはものごとを正しく処理するだけでなく、正しいことをしなければならない。

さらにいえば、組織の未来に対してなんのビジョンも持っていないリーダーはリーダーではない。エドに会社を運営する能力があることは疑う余地がなかったが、私が強い疑念をいだいていたのは、彼が会社をどこへみちびいていくのかということだった。

結局私は、「君の成長ぶりは目覚ましいが、CEOに推薦することはできない」とエドに告げ、バクスターと取締役会に報告書を提出した。バクスターは、ほっとした様子だった。エドはたしかに優秀な右腕だったが、取締役会の意見が正しいこともわかっていたからだ。会社は三代にわたって同族経営を続けていたが、事業は重要な局面を迎えており、会社の将来をエドの手にゆだねることは不可能だった。バクスターはCEOに留任し、後継者が見つかるまでの間、エドも現在の地位にとどまることになった。

やがてバクスターは引退し、エドも会社を去った。

もしこれが映画だったら、エドは最後の何分かでジェームス・スチュワートのような好人物に変身し、CEOの座を手に入れていただろう。しかし現実は映画のようにはいかないし、ヒーローと悪役は簡単には区別できない。

事実、エドはヒーローでも悪役でもなかったと思う。彼は犠牲者だった。本人は自分で道を切り拓いてきたと思っていただろうが、実際には悪しき企業文化が生みだした悪しきモデルを模倣していたにすぎない。

ビジネスの世界に足を踏み入れたとき、エドは負けん気の強い若造だった。成功を心に誓った貧民街出身の少年。勤勉な野心家。そんな彼も、結局は当時の風潮に飲みこまれていった。若いころのエドの人格やビジョンがどんなものだったにせよ、それは時とともに衰えていった。

エドにも、リーダーシップを身につけることはできたのかもしれない。工場で働きはじめたころは、彼も自分の未来に熱い想いをいだいていたはずだ。しかし、社会人になったエドが目にしたものは、弱肉強食のねじれた世界だった。報酬は自分自身を表現することではなく、自分の存在を誇示することによってもたらされた。

エドは自分が組織にとって理想的な従僕であることを証明しようとした。そして自分の能力を存分に発揮する代わりに、雇い主の手に自分をゆだねた。自分のことは雇い主に任せ、自分は部下を動かすことによって、エドは前時代的なボスになった。ビジョンと品性を重んじる新しい企業風土に、彼はついていくことができなかった。

このできごとをあとになって整理していたとき、私は取締役会が五つの点に注目していたことに気づいた。つまり、実務能力（エドにはこれがあった）、対人能力、概念化能力（想像力や創造性）、判断力と眼識、そして品性だ。取締役会が最初に指摘したのはエドの対人能力だったが、問題は他にもあった。エドは対人能力を高めようと必死に努力したが、人々の支持は得られなかった。彼らはエドの判断力と品性にも疑問をいだき、この男は信頼できないと感じていたからだ。

このときはCEOの座を射とめることができなかったエドも、現在はアトランタにある有名な製造会社で会長兼CEOを務めている。この会社の人事委員会は、エドの実務能力を評価しただけでなく、新製品の開発や業界有数のサービス・品質水準の維持といったバクスターの功績も、エドの実力だと考えた。残念だが、エドは今の会社で、新製品を開発することも、新たな収入源を生みだすこともないだろう。そのときやっと、エドは乗り越えられない壁があることに気づくのかもしれない。

失敗から学び、「自分自身になる」という骨の折れる作業に取り組まないかぎり、この壁を乗り越えることはできない。彼が今、どうしているかはわからない。何度電話をかけても、折り返しの電話はかかってこないからだ。

我々は、たくさんの「エド」を知っている――彼らは「例外」よりも「法則」になろうとする。

しかし、本書を読み進めればわかるとおり、「エド」には想像することしかできないような方法で、我々は法則をひっくりかえし、難局を乗り越え、成功を収めることができる。

† 状況に打ち勝つ

エドはなぜ目標を達成できなかったのか。その理由を浮き彫りにするために、ひとりのリーダーを紹介しよう。ノーマン・リアだ。

リアがコメディ作家としてテレビ界に足を踏み入れたのは、テレビがいわゆる黄金時代を迎えていたころだった。彼は『コルゲート・コメディ・アワー』『ジョージ・ゴウブル・ショー』『マーサ・レイ・ショー』といったコメディ番組の脚本を手がけ、『マーサ・レイ・ショー』では監督も務めた。一九五九年にはバッド・ヨーキンとタンデム・プロダクションを設立し、フレッド・アステア、ジャック・ベニー、ダニー・ケイ、キャロル・チャニング、ヘンリー・フォンダといったスターを起用した特別番組を製作した。

タンデムは劇場用映画も多数製作した。『ナイスガイ・ニューヨーク』『ザ・ナイト・ゼイ・レイデッド・ミンスキーズ』『００４／アタック作戦』『コールド・ターキー』はその一例だ。また、リアが脚本を書き下ろした『ディヴォース／アメリカン・スタイル』は一九六七年のアカデミー脚本賞にノミネートされている。

リアの成功は疑いの余地がなかったが、一九七一年に彼とタンデムは、さらに画期的な一歩を踏みだした。テレビ史に残る連続コメディ『オール・イン・ザ・ファミリー』の放映が始まったのだ。このシリーズを皮切りに、リアとタンデムは次々とヒットを飛ばしていく。そしてテレビ界に革命を起こし、こっけいだが鋭い視点で等身大のアメリカを描きだした。

作家のパディ・チャイエフスキーは、こう述べている。「間の抜けた主婦、トンマな親父、ヒモ、売春婦、ペテン師、私立探偵、ヤク中、カウボーイ、牛泥棒……テレビ番組の登場人物といえば、そんな連中ばかりだった。ノーマン・リアはこうした輩の代わりに、普通のアメリカ人をブラウン管に登場させた。彼は視聴者をテレビの中に引き入れたのだ」

テレビを成長させたという意味では、リアほどの功労者はいない。彼の番組は人気を博しただけでなく、物議をかもすことを恐れず、妊娠中絶や人種的偏見といった当時はタブー視されていた問題もとりあげた。

それでも最初は、『オール・イン・ザ・ファミリー』の放映権を買おうとするテレビ局はなかった。ようやくＣＢＳが契約してくれたものの、当初の視聴率は惨憺たるものだった。さいわいなことにＣＢＳは番組を打ち切らなかったため、リアはこの状況を打破し、さらには変革することができた。

一九七一～八二年までの一一年間、ゴールデンタイムの視聴率上位一〇本には必ずリアが手がけたホームコメディが並んだ。一九七四年と七五年の二年間は、上位一〇本のうち五本までがリアの番組だった。八六年一一月には、ネットワーク局とは別にシンジケートで配信されたホームコメディ上位九本のうち、五本がリアの番組だった。リアが製作した見本フィルムの六割近くはシリーズとして買い取られた。これは業界平均の二倍にあたる。また、ネットワーク局で放映されたリアの番組の三分の一以上は地方局にも配信されヒットした。この数字は業界平均の三倍にあたる。

リスクを恐れず、常に業界に新風を巻きおこしてきたリアのキャリアは、そのまま革新とリスクの価値を証明している。リアの番組は斬新だっただけでなく、収益面でも大成功を収めたからだ。しかし、一九八八年五月にアメリカ作家組合がストライキを決行したときは、業界の革新者であり億万長者、コミュニケーション界の先駆者でありリーダーでもあるこの男は、作家仲間とともに嬉々としてピケを張った。

リアは作家、プロデューサー、実業家、そして市民活動家（彼は公民権と人権擁護を提唱する財団「ピープル・フォー・ジ・アメリカンウェイ」の設立メンバーでもある）として輝かしい実績を重ねてきた。大統領候補や政治家から助言を求められる機会も相変わらず多い。

彼は別の方面からも国民生活に貢献している。二〇〇〇年、リアはインターネット企業家のデビッド・ヘイデンとともに、七四〇万ドルという記録的な高値で米国独立宣言文の原本を落札し、一般公開することを発表した。また、研究所の設立費用として、南カリフォルニア大学に五〇〇万ドル以上を寄附した。この「ノーマン・リア・センター」では、公共政策の形成だけでなく、「エンターテインメントと商業と社会の融合」に関する学際的な研究も行われる予定だ。

リアの人生はアメリカン・ドリームを体現している。主人公がボスの娘と結婚することこそないものの、そのあらすじはホレイショ・アルジャーが書く立身出世物語そのものだ。アルジャーの物語の主人公は貧困から身を起こし、富と名声と権力を手に入れる。実際、リアの人生はテレビドラマや映画になってもおかしくない。彼の業績には、自分を存分に表現することによってもたらされるめぐみが、疑いの余地のないほど鮮やかに示されている。

リアは四つのステップを経て、「現状を打破する」ことに成功した。その四つとは、①自らを表現する、②内なる声に耳をかたむける、③正しい師から学ぶ、④指針となるビジョンに身をゆだねる、である。

リアは高校時代にラルフ・ウォルドー・エマスンの『自己信頼』というエッセイを読み、大きな影響を受けたという。

「エマスンは内なる声に耳をかたむけ、他のすべてが反対しようともそれに従えといっています。いつごろからかはわかりませんが、私は内なる声には神の意志のようなものが宿っていると理解するようになりました……内なる声に従うこと——正直、常にそうできているとはいえませんが、そうできたとしたら、これほど純粋で真理に近い行為はないのではないでしょうか。それに、自分の考えや意見というのは、手放せば必ず他人の口を借りて自分のもとへ返ってくるものです。ふしぎな威厳をたたえて……。ですから、とにかく信じることです。私の場合も、一番力を発揮できたのは、内なる声に耳をかたむけていたときでした」

このエピソードには、先ほどの四つのステップがはっきりあらわれている。

内なる声に耳をかたむける。内なる声を信頼するといいかえてもよいが、これはリーダーシップを学ぶうえでもっとも重要な課題のひとつだ。本書の後の章でも、かなりのページを割いてこの問題をとりあげている。

リアの人生に影響を与えた人物は他にもいた。

「私がまだ幼いころ、おまえは社会に影響を与えることができると教えてくれたのは祖父でした。九歳から一二歳になるまで、私は祖父と暮らしていました。祖父は手紙魔でね。彼の書く手紙を一枚一枚、熱心に読んだものです。『親愛なる大統領閣下。国民がかくかくしかじかと申し上げているのを、あなたはなぜお聞きにならないのか』などと書いてあるわけですよ。大統領の施策に同意できないときは、『親愛なる大統領閣下。閣下はかようなことを断じてなさるべきではなかった』とくる。毎日、三階から階段を駆けおりて真鐘《しんちゅう》製の郵便受けに手紙を取りに行きました。ときどき心臓がとまりそうになりました。小さな白い封筒に、ホワイトハウスという文字が書かれているんですから。驚きましたよ。ホワイトハウスからおじいちゃん宛てに手紙が来るなんて――」

「父はポケットや帽子の折返しに紙切れをはさんでおくような人で、それが彼なりの情報管理術でした。計画性がなく、いつも自分で対処できる以上のことに顔を突っこんでいました。反面教師というのかな、父を見ていると、準備をととのえ、地に足をつけて生きることがいかに大切かがわかるんです。父は二週間もあれば一〇〇万ドル稼げると確信していました。それを自分で証明することはついにありませんでしたが……。とにかく父は、バルザックの『従妹ベット』に出てくるユロ男爵のように、意気揚々と頭から人生にのめりこんでいったのです」

奔放な父親に似て、息子も夢見ることをやめず、人生にのめりこんでいった。「まずしなければならないのは、自分が何者かを見きわめ、そのとおりの人間になることです。自分自身になり、そこからぶれないこと……でも、これはとてもむずかしい。だって、本当の自分は周囲の人が期待する自分とは違うのですから」。しかし、リアが身をもって示したように、それ以外に本当の意味で成功する道はない。

ノーマン・リアには人生の指針となるビジョンがあった。自分への信頼と、社会に影響を与えられるという信念があった。だからこそ、テレビ界の現状を打破できたのだ。

テレビのプロデューサーは普通、みんなと同じことをして生き延びようとする。昨シーズンにヒットした番組の二番煎じを企画し、どこからも文句がこないような、最低限のコンセンサスを満たす番組をつくる。これに対してリアは、五年も続けばいっぱしのキャリアと見なされる世界で、トップの座に二〇年以上も君臨した。しかも、彼の番組は独創性にあふれていた。似たり寄ったりのテレビ番組の中にあって、異彩を放っていた。

リアの成功があったからこそ、セカンド・チャンスを手にできた良質な番組は多い。『セックス・アンド・ザ・シティ』『ザ・ソプラノス』『シックス・フィート・アンダー』といった革新的な番組が放映され、話題を集めることができたのは、ノーマン・リアと『オール・イン・ザ・ファミリー』のおかげといっても過言ではない。

もちろん、リアは極端な存在だ。彼は他人にはまねのできないやり方で自分をとりまく状況や環境をつくりだした。しかし、どの世界にも自分が置かれている状況を打破した「ノーマン・リア」はいる。実際、リーダーたちは常に状況と戦ってきた。長年にわたってエイズとの戦いを率いている科学者のマチルド・クリムはこう語っている。「私は、組織が課してくる制約というものにがまんがなりません。組織は人間に奉仕すべき存在なのに、残念ながら現実はその逆であることが多い。人々は組織に忠誠を捧げ、習慣や慣例や規則の囚人になっています。そして、自分が本来持っていた力を失ってしまうのです」

もし、ほとんどの人が先ほどのエドのように状況に支配され、習慣、慣例、規則にとらわれ、本来の力を発揮できずにいるとしたら、我々は「ノーマン・リア」たちに学ばなければならない。彼らは現実に挑み、克服しただけでなく、自分をとりまいている状況を抜本的に変えてしまった。

変革への第一歩は、他人に動かされることを拒み、人生の舵を自分の手に取り戻すことだ。リーダーへの道は、こうして始まる。

第二章

基本を理解する

リーダーシップ論の歴史をひもとくと、いくつもの忘れられた理論に出会う。特性理論、偉人論、状況適応理論、さまざまなスタイルや機能別のリーダーシップ。あげくの果てには「リーダーなきリーダーシップ」なるものも登場した。他にも官僚的リーダーシップ、カリスマ的リーダーシップ、グループ中心のリーダーシップ、現実重視のリーダーシップ、目標別のリーダーシップなどきりがない。この分野の論理体系と論点の変遷は、時代とともにめまぐるしく変化した育児論を彷彿とさせる。ガートルード・スタイン風にいえば、「リーダーはフォロワーでありリーダーである」といったところだろうか。

――『Administrative Science Quarterly（季刊・管理科学）』

リーダーの身長、体重、気質にはなんの共通点もない。背の低い人もいれば高い人もいる。ざっぱりとした人もいれば、だらしない人もいる。若い人もいれば、歳をとった人もいる。男もいれば女もいる。しかし、次に掲げる基本要素のいくつかは、誰もがそなえている。

①指針となるビジョン

リーダーは、公私において自分が何をしたいのかをはっきりと理解している。難局に直面したときや失敗をおかしたときでさえ、自分のしたいことを貫く強さを持っている。自分はどこへ向かっているのか、なぜそこへ向かっているのかがわからなければ、目的地にたどり着くことはできない。

②情熱

それは人生に対する情熱であり、自らの役割、職業、行動方針に対する情熱である。リーダーは自分のしていることに愛情を持ち、楽しんでいる。「希望とは歩く人の夢である」とトルストイはいった。希望がなければ人生を生き抜くことはできないし、進歩することなど望むべくもない。自分の情熱を伝えることのできるリーダーは、他者に希望を与え、奮起させる。この要素は別の形――たとえば「熱意」という形であらわれることも多い（熱意に関しては第八章参照）。

③誠実さ

私の考えでは、誠実さは三つのものから成り立っている。「自分を知ること」「率直であること」そして「成熟していること」だ。

デルポイの神託所には、「汝自身を知れ」という言葉が刻まれていた。現代においても、人間にとってこれほど困難な仕事はない。しかし、自分自身を本当の意味で理解しないかぎり、つまり、自分の強さや弱さ、自分は何をしたいのか、なぜそれをしたいのかを理解しないかぎり、この言葉が示唆しているものを本当の意味で実践することはできない。

リーダーは自分に嘘をつかない。リーダーは自分の長所だけでなく短所も理解し、それに真っ向から取り組んでいる。我々は自分自身の「素材」だ。自分にはどんな資質があり、そうした資質をもとにどんな自分になりたいかを明確にできれば、自分自身の手で自分をつくりあげることができる。

自分を知るためには、率直であることが欠かせない。思考と行動の両面において正直になり、原則からけっして離れず、根本的な部分で健全かつ完全でなければならない。たとえば、バウハウス様式のガラス張りの建物にヴィクトリア朝様式の丸屋根を組みあわせるような建築家は、専門家としての誠実さに欠けている。誰かを喜ばせるために、自分の行動原則や、ときにはアイディアさえゆがめてしまうような人間はみな同じだ。リリアン・ヘルマンではないが、リーダーは時代の風潮に迎合し、自らの良心をねじ曲げるようなまねはしない。

成熟していることも重要だ。人をみちびくというのは、単に進むべき道を指し示したり、命令を下したりすることではない。リーダーはさまざまな経験を積んで成長していく。経験を通して献身や観察眼を身につけ、他者と協力すること、他者から学ぶこと、卑屈にならないこと、そして常に誠実であることを学ぶ。自分の中にこうした資質を発見できたときに初めて、リーダーは他者の中のこうした資質も呼び覚ますことができるようになる。

④信頼

誠実なリーダーは信頼される。正確にいうなら、信頼はリーダーシップの要素というより、その結果だ。信頼は他者から与えられるもので、自力で獲得するものではない。信頼を与えてくれるのは同僚や部下であり、信頼を得られないリーダーにリーダーの役割は果たせない（信頼については第八章で詳述）。

⑤好奇心と勇気

リーダーはあらゆるものに興味を持ち、貪欲に学ぶ。すすんでリスクをとり、実験し、新しいことに挑む。失敗を恐れず、間違ったときはその事実を受け入れる。間違いは学習の機会であることを知っているからだ。逆境から学ぶことは、本書でくりかえし形を変えて語られるテーマでもある。

以上がリーダーシップの基本要素だ。ここには変えることのできない生得の特質などひとつもない。玉座を追われた王や、莫大な遺産を受け継いだ不運な相続人に関する無数のエピソードが示しているとおり、真のリーダーは、リーダーに生まれつくのではなく、リーダーになる。しかも、たいていは自らをきたえあげてリーダーになるのだ。彼らは、自分の手で自分をつくりあげる。

ちなみに、リーダーシップ論をふりかざす人は多いが、週末のセミナーに一回参加したくらいではリーダーにはなれないと申し上げておこう。私は彼らの主張を「電子レンジ理論」と呼んでいる。ありふれた人物を電子レンジに放りこめば、六〇秒でリーダーができるというわけだ。

リーダー候補者のまわりでは、毎年数十億ドルもの金が動いている。大企業の中には社員のためにリーダーシップ開発講座を用意しているところも多い。それにもかかわらず、アメリカ株式会社は世界市場での優位を失った。あえていっておきたい。講義を受けてリーダーになった人より、なんらかの偶然、やむをえない事情、不屈の精神、あるいは遺言によってリーダーになった人のほうが多い。リーダーシップ開発講座が教えてくれるのは技術にすぎない。品性やビジョンは学べないし、むこうも教えようとはしないだろう。リーダーになるためには、自分で品性やビジョンを磨くしかない。

フランクリン・D・ルーズベルトにとって、大恐慌は一政治家からリーダーに生まれ変わるための試練だった。

ハリー・トルーマンはルーズベルトの死を受けて大統領に就任したが、彼をリーダーにしたものはその不屈の精神だった。

アメリカでただひとりの五つ星元帥であるドワイト・アイゼンハワーは、愛嬌のある笑顔のせいで共和党のお偉方からみくびられていたが、後に一人前の男でありリーダーであることを証明して見せた。

ジョン・F・ケネディは、シカゴ市長のリチャード・デイリーら何人かの政治家の引き立てでホワイトハウスの住人となったが、その後の輝きは本人の力によるものだ。

ルーズベルト、トルーマン、アイゼンハワー、ケネディ——好き嫌いは分かれても、彼らはみな本物のリーダーだった。

トルーマンはおそらく、自分をリーダーだと思ったことは一度もないだろう。大統領になったときは誰よりも本人が一番驚いたのではないか。アイゼンハワーはすぐれた兵士だったが、彼が軍や政界で成功したのは、自分よりも優秀な兵士たちの支持を得られたからだ。裕福な家庭で育ったルーズベルトとケネディは、当時の表現を使えば自らの階級の裏切り者だったが、大衆にとってはヒーローだった。この四人はいずれも自分の手で自分をつくりあげた。トルーマンとアイゼンハワーの人生は、絵に描いたような立身出世物語だ。それに対して、ルーズベルトとケネディは野心的な有力者の家に生まれ、俗っぽいが伝統的な教育を授けられたものの、後に自分の手で自分と自分の世界をつくりかえた。

もちろん、独力で成功することだけがリーダーの条件ではない。リンドン・ジョンソン、リチャード・ニクソン、ジミー・カーターもたたきあげの男といえるかもしれないが、彼らは国民の心をとらえることも、国民の関心をひくこともできず、一国のリーダーとしては失格の烙印を押された。

三人とも優秀な政治家だったが、野心が才能を上まわった。ジョンソンは「偉大な社会」の建設を目指したが、実際には悲惨な戦争を生みだしたにすぎない。ニクソンは国民をみちびくことより国民を支配することを求めた。カーターに関しては、大統領の椅子以外に何を求めていたのかさっぱりわからなかった。

彼らの心は等しく閉ざされているように見えた。国民に対してはもちろん、自分自身に対しても。彼らがどんなビジョンを持っていたにせよ、そのビジョンが表現されることはなかった（ジョンソンに関しては、実現されなかったというべきかもしれない）。三人の言葉は行動と一致せず、国民を敵対視しているように見えた。国民がベトナム戦争を疑問視したとき、ジョンソンは国民の愛国心を疑った。ニクソンは「敵リスト」を作成していた。カーターはアメリカ国民は仮病を使っているとなじった。

大統領時代の三人は、自分の意志で動くというより動かされている印象が強く、また全員が自分の影にとらわれているようだった。

ヘンリー・キッシンジャーは、複数の大統領と仕事をした。最初に仕えたのはケネディで、ケネディを通してトルーマンに会った。これらの大統領から何を学んだかと問われ、キッシンジャーは次のように答えている。「自分の限界にこだわっている間は大統領はたいした仕事をしません。彼らがすばらしい仕事をするのは、自分の可能性に焦点をあわせたときです」。それは、過去に区切りをつけ、未来に顔を向けることを意味する。

ルーズベルトとケネディが新しい自分をつくることで独立と自由を手に入れたのに対し、ジョンソンとニクソンは古い自分を手放すことができなかった。ルーズベルト、トルーマン、アイゼンハワー、ケネディが自分をつくりあげることで未来をつくりあげたのに対し、ジョンソンとニクソンは過去の産物にすぎなかった。よいリーダーは世界とかかわろうとする。悪いリーダーは世界を罠にかける。あるいは、かけようとする。

ジミー・カーターは、大統領時代にはこれといった実績を残さなかったが、一期四年でホワイトハウスを去ったあと、新しい自分をつくりあげ、世界平和の貢献者となった。彼は熱心なキリスト教徒であり、大統領退任後も精力的に社会活動を続けた。その確固たる信念は、アメリカ合衆国の大統領より、ほとんど聖人のような平和使節の仕事にはるかにふさわしかった。ホワイトハウスを去ったあとのカーターは、元大統領やその他の要職経験者が目指すべきキャリアの見本となった。

現在、彼はハビタット・フォー・ヒューマニティとともに貧困層向けの住居を建設しており、そのかたわらには常にロザリン夫人の姿がある。カーターは、自分が必要とされていると感じれば遠く離れた紛争地域にも飛んで行き、選挙を監視し、人権の保護に尽力する。その活動をおめでたいと批判する向きもあるが、多くの人はこれを真の道徳的リーダーシップと見なしている。こうした活動が評価され、二〇〇二年にはノーベル平和賞を受賞した。

カーターがホワイトハウスを去った一九八一年以降、アメリカ大統領の座についたのはたたきあげの男たち（レーガン、クリントン）と、アメリカの貴族たち（ブッシュ親子）だった。

元俳優のレーガンは、ハリウッド出身の初の大統領として、リーダーシップは限りなくパフォーマンスアートに近いことを証明した。「テフロン大統領」というあだ名は、イラン・コントラ事件のようなスキャンダルや、一九八七年一〇月一九日に（レーガノミクスの当然の帰結として）起きた株式市場の急落に直面しても、その顔からにこやかな笑みが消えなかったことに由来している。レーガンの気さくで率直な態度が本物かどうかは誰にもわからない。しかし、彼はみごとに自分をつくりあげ、飾り気のない語り口で大衆を魅了し、近年でもっとも人気の高い大統領のひとりとなった。

ジョージ・ブッシュ（父）は、ルーズベルトやケネディほどではないにせよ、アメリカの名家の出身だった。彼はレーガンと並んで第二次世界大戦という試練を経験した最後の米国大統領であり、青年時代にパイロットとして第二次大戦に参加し、いくつもの勲章を得ている。イラクのサダム・フセインを標的とした「砂漠の嵐作戦」では、史上最高レベルの支持率を獲得した。レーガンが「悪の帝国」と呼んだソ連が解体されたのも、彼の任期中（一九九一年）である。

しかし、ブッシュは最後まで上流階級の出自を離れられなかった。クリントンをホワイトハウスに送りこんだ参謀たちは、スーパーのレジのバーコードリーダーを驚嘆の目で見つめるブッシュの姿をくりかえし国民の脳裏に刷りこんだ。有権者は、大統領が名門私立高校出身でも文句はいわないかもしれないが、一般市民がどのように買い物をしているのかを知らないとなれば、容赦しないだろう。

一方、生まれる前に実父を亡くし、アルコール依存症の義父に育てられたクリントンは、たたきあげの見本のような大統領だった。アーカンソー州のホープ（希望）というめずらしい名前の町で生まれた彼は、「希望」を有権者に信じさせることで、一九九二年の大統領選挙を勝ち抜き、ホワイトハウスへの切符を手に入れた。

クリントンには知性、魅力、妥協点を見出す能力――つまり、偉大な大統領になるために必要なものがすべてそなわっていた。唯一欠けていたのは、すべての偉大なリーダーが持っているはずの強い「倫理基準」である。クリントンがたどった運命は、英雄が自らの致命的欠点のせいで失脚するという、古典的な悲劇だった。

二期にわたる任期中、彼は保守派のライバルから執拗な攻撃を受けたが、急拡大するニューエコノミーに支えられ、近代まれに見る繁栄の時代を実現した。しかし、任期の最後にはホワイトハウス実習生モニカ・ルインスキーとの情事に巻きこまれ、偽証罪などの罪で弾劾された。

クリントンのあだ名「カムバックキッド（挽回小僧）」は、アーカンソー州知事時代に何度も苦境に立たされながら再起を果たしたことに由来している。カーター元大統領のように退任後のクリントンが自分をつくり変えることができるかどうかは、時間がたたなければわからない。そのための素質と意欲がクリントンにあることはたしかだが、リーダーの必須要件である品性がそなわっているかどうかは現時点では不明だ。ここでいう品性とは、いわゆる上品さの概念を超える資質である。

ジョージ・W・ブッシュ大統領も、リーダーとしての評価はまだ定まっていない。彼は大統領就任直後に九・一一に見まわれた。その危機管理能力は、批判陣営が想像していたほどお粗末ではなかったが、テロの一年後には無視できない数の反対意見を押しきってイラクとの戦争を推進し、アメリカはカーター大統領時代以来、最悪の不景気におちいった。シェイクスピアをもじっていえば、二〇〇二年の段階では、テキサス気質の陽気なハル王子がヘンリー五世になれるかどうかはまだわからない。

ともに「W」のイニシャルを持つブッシュとクリントンは、新世代のリーダーだ。彼らにとっての試練は第二次世界大戦ではなく、セックス、麻薬、ロックンロール、そして伝統的な権威への不信に彩られた一九六〇～七〇年代初頭の混沌である。時代には時代特有の価値観があり、この世代を代表するリーダーとリーダーシップを結論することはまだできない。

古代ギリシャ人は、「卓越したものは、エロスとロゴス、すなわち感性と理性の完璧なバランスの上に存在する」と信じていた。感性と理性の両方をはたらかせ、「たしかな事実にもとづいて具体的に考察する」とき、人間は世界をあらゆる側面から理解できるようになる。

ものごとを本当の意味で理解するには、その対象にかかわり、自分の能力を最大限に発揮しなければならない。ジョン・ガードナーがいったように、才能があることと、その才能をいきいきと発揮することは違う。自分を十分に活用できるようになったときに初めて、才能は輝きだす。限界を取り払い、関与し、持てる才能をいかんなく発揮できるようになったとき、我々は誰のコピーでもない、完全にオリジナルな存在になる。

†マネジャーではなく、リーダーになる

リーダーとマネジャーの違いは、現状を打破した人間と現状に屈服した人間の違いだ。この他にも、両者はいくつかの重要かつ決定的な点で異なる。

- マネジャーは管理し、リーダーは改革する。
- マネジャーはコピーであり、リーダーはオリジナルである。

●マネジャーは維持し、リーダーは発展させる。
●マネジャーはシステムと構造に焦点をあわせ、リーダーは人間に焦点をあわせる。
●マネジャーは管理に頼り、リーダーは信頼を呼び起こす。
●マネジャーは目先のことしか考えず、リーダーは長期的な視野を持つ。
●マネジャーは「いつ、どのように」に注目し、リーダーは「何を、なぜ」に注目する。
●マネジャーは数字を追いかけ、リーダーは未来を見すえる。
●マネジャーは模倣し、リーダーは創造する。
●マネジャーは現状を受け入れ、リーダーは現状に挑戦する。
●マネジャーは優秀な軍人であり、リーダーはその人自身である。
●マネジャーはものごとを正しく処理し、リーダーは正しいことをする。

ウォレス・スティーヴンスを再び引用すれば、マネジャーは四角い帽子をかぶって訓練を通して学び、リーダーはソンブレロをかぶって教育を選ぶ。

教育	訓練
帰納的	演繹的
暫定	確定
動的	静的
理解	暗記
アイディア	事実
広い	狭い
深い	浅い

訓練と教育の違いを表したのが上の表だ。

リストの上段の項目になじみがないとしたら、それは現代の教育がこうした要素を無視しているからだろう。実際のところ、アメリカの教育システムが教育よりも訓練を得意としていることは不幸と

リーダー	マネジャー
経験的	習慣的
能動的	受動的
疑問	回答
進展	充足
戦略	戦術
選択肢	目的地
探究	予測
発見	定説
作用	反作用
自発性	命令
脳全体	左脳
人生	仕事
長期	短期
変化	安定
中身	形式
柔軟	硬直
リスク	ルール
総合的	固定的
開放的	閉鎖的
想像力	常識

いうほかない。訓練は犬には向いている。犬に求められるのは服従だからだ。しかし人間の場合、訓練には利益至上主義に拍車をかける効果しかない。

　リストの上段に並んでいる資質は、ビジネススクールではあまり奨励されない。たいていのビジネススクールは、短期間で利益を最大化するためのミクロ経済学的な手法を教える。しかし、数字だけを追っていても問題は発見できない。

　今、社会が求めているのは、問題を発見できる人間だ。現代の問題はとらえにくく、一筋縄ではいかないものが多い。現代建築は神々しい直角の世界を離れ、菱形や円形や放物線の世界に移行した。リーダーに必要な能力を伸ばしたいなら、菱形について考えはじめる必要がある。

　リーダーの同僚は自分自身だ。人生の逆説のひとつに、「よいリーダーは弱点があってもトップに立つが、悪いリーダーは弱点ゆえにトップに立つ」というものがある。たとえばエイブラハム・リンカーンは、たびたび深刻なうつ状態に陥ったが、史上最高の米国大統領として、もっとも苦しい時代のアメリカを未来へとみちびいた。それに対してヒトラーは、自らの精神病をドイツ国民に押しつけ、人々を誇大妄想と邪悪な狂気の渦に巻きこみ、ついには人類史上最悪の大虐殺へとみちびいた。

我々は自分自身の「素材」だ。この言葉はリーダーだけでなく、よくも悪くもすべての人にあてはまる。自分にはどんな資質があり、その資質をもとにどんな自分になりたいのか。それが明確になったとき、本当の人生が始まる。その過程では、社会が無意識にしかけてくる陰謀に足をすくわれることもあれば、さまざまな障害に行く手を阻まれることもあるだろう。

ノーマン・リアはこう述べている。「アメリカの社会は国民の個性を誇りにしているように見えるが、その一方で、国民の個性を本当の意味では許容していない。アメリカは国民を均質化したがっているのだ」

オスカー受賞歴を持つ映画監督のシドニー・ポラックは、自分を探求するプロセスには終わりがないと語る。「私の頭の中ではいつも、ひとりごとのような、対話のような考えがめぐっています」と彼は語る。「単に空想をもてあそんでいるときもあれば、具体的に考えているときもあります。解決策を語っている自分の姿を想像することで、実際の問題を解決しようとすることもあります。答えがわからないときは、質問されている自分の姿を想像します。フォークナーは、『自分がいったことを読むまでは、自分が何を考えているのかはわからない』といいました。これは単なる冗談ではありません。自分の思考というのは、なんらかの方法で体系化して初めて理解できるようになるのです」

ポラックの指摘はまったく正しい。自分の考えを体系化することは、自分をつくりあげるための重要なステップだ。考えを体系化する方法はいくつかある。一番むずかしいのは、「自分が考えていることについて考える」ことだが、自分が考えていることについて話したり、書いたりすることも役に立つ。中でも「書く」ことは重要だ。自分は何者なのか、何を信じているのか――その答えを引きだしたいなら、「書くこと」に勝る方法はない。

新聞社幹部のグロリア・アンダースンはこう述べている。「自分はどんな人間で、この世界でどんな役割を担っているのか……。こういったことについて、自分なりの感覚を持つことはとても重要です。新しいことに挑戦したり、自分をためしたり、自分の信条や原則を問い直したりすることも同じくらい重要です。自分が信じているもののために戦うことができる人――私たちが待ち望んでいるのはそういう人ではないでしょうか。その主張に必ずしも同意できなくても、そういう人は信頼できます」

科学者のマチルド・クリムも同意見だ。「人間はすぐれた探検家であると同時に、すぐれた聞き手でなければなりません。情報は貪欲に吸収するけれども、すべてを鵜呑みにはしない。最終的には、自分の直感からくる反応を信じる必要があります」と彼女はいう。「自分の立場を明らかにするという意味では、価値観や信条は重要です。でも、それは誰かの価値観ではなく、自分自身の価値観でなければなりません」

自分を知り、自分自身であることは、口でいうほど簡単ではない。もし簡単なら、これほど多くの人が借りもののポーズで歩きまわり、どこかで聞いたような考えをまくしたて、集団からはみだすことを恐れて、必死に社会に適合しようとしているはずがない。

ラッキーストアのCEOだったドン・リッチーは、自分自身であることの必要性についてこう語っている。「人間でも会社でも、まがいものはすぐに見抜かれます。エマスンもいっているように、言葉より存在のほうが雄弁にその人を語るのです」

†生まれたままのリーダーと、生まれなおすリーダー

ハーバード大学のアブラハム・ザレズニック名誉教授によれば、リーダーには二種類あるという。「生まれたままのリーダー」と「生まれなおすリーダー」だ。

生まれたままのリーダーは、それほど苦労せずに家庭や家族を離れ、自立の道を歩みだす。それに対して生まれなおすリーダーは、成長の過程で苦しむことが多い。世間に違和感を覚え、孤立感をいだくことさえある。そのため、彼らは内面に非常に複雑な世界をつくりあげる。しかし歳を重ねるごとに、彼らは本当の意味での自立を手に入れ、自分の信条と思想にもとづいて生きるようになる。ザレズニック教授によれば、生まれなおすリーダーは内面の価値観を重んじ、自分自身を信頼しているため、きわめてカリスマ的な性格を持つという。

ジョンソン、ニクソン、カーターがそうだったように、生まれたままのリーダーは環境によってつくられる。一方、生まれなおすリーダーは、ルーズベルトやトルーマンのように自分の手で自分をつくりあげる。

自分で自分をつくりあげることがなぜ必要なのか。それをはっきりと示している調査結果が二つある。ひとつは、「中年男性は心臓発作を起こしたあとで転職することが多い」というものだ。自分もいつかは死ぬという事実に直面したとき、彼らは今までやってきたこと、人生を捧げてき

たものが、必ずしも自分が本当に求めてきたものではなかったことに気づく。

もうひとつは、「中高年男性の満足度は若いころの夢にどれくらい従ったかで決まる」という調査結果だ。重要なのは夢を実現できたかどうかではない。夢をどれだけ真剣に追いかけられたかだ。こうしたひたむきさから、新しいアイディアや方策が生まれる。

もちろん、この傾向は男性にかぎったものではない。たとえば、子どものころから教えこまれてきた役割を疑うことなく受け入れた女性より、自分で自分をつくりあげた女性のほうが幸福度が高いというデータがある。心理学者で作家のソニア・フリードマンは次のように述べている。

「実際のところ、情緒不安定の傾向がもっとも強いのは、結婚し、生涯を専業主婦として過ごす女性です。過去の調査でも、独身女性の幸福度は既婚女性を常に上まわっている。常に、です。この結果をくつがえす調査はまだありません」

歴史をふり返っても、女性が自由に自分をつくりあげるためには独身でいるほかなかった。一九世紀の詩人で、生涯独身を貫いたエミリー・ディキンソンも、自分で自分をつくりあげた。彼女は自宅にひきこもるように暮らしたが、めずらしく自室を訪れた客に、「ここには自由があるでしょう！」といったと伝えられている。さいわいなことに時代は変わった。時代が変われば、人間関係の形も変わる。私がインタビューをした女性リーダーの多くは既婚者だったが、それでも自分で自分をつくりあげた。先ほど登場したフリードマンもそのひとりだ。

自分で自分をつくりあげることの必要性は、いくら強調してもしきれない。本来の自分であること（authentic）は、文字どおり自分の「作者（author）」になることだ（この二つの言葉はどちらも同じギリシャ語に由来する)。それは、自分が生まれながらに持っているエネルギーや願望を発見し、それに沿って行動するための自分らしい方法を見つけだすことでもある。それができれば、我々は社会や権威や祖先が定めたイメージに従うだけの存在から卒業できるだろう。

自分の人生を自分で書きあげるなら、どんなときも自然体でいられる。「現代の産業社会では、管理職の役割は部下の潜在能力を制限することだ」といった人がいるが、それが真実なら、こうした制限を打破し、自分の潜在能力を開花させ、若いころの夢に忠実に生きることができるように、できるかぎりのことをしなければならない。これがノーマン・リアなら、こうつけ加えるだろう。「そこにいたるまでの道のりが楽しくないなら、目的地に到着しても意味がない」と。

成功は段階的に達成されるものだとリアはいう。「大きな成功を達成するためには、気の遠くなるような時間が必要です……でも一瞬一瞬を切り取れば、人生の大半は小さな成功で占められているのではないでしょうか。小さな成功に出会うたびに心の中で感謝する――大喝采が起きるまで待つのは愚の骨頂です。そんな成功はまれにしかやってこないのですから」

小さな成功をなしとげた自分に拍手し、ささやかな成功に感謝することは、人生の一瞬一瞬をあじわうためのすばらしい方法だ。それは自分で自分をつくりあげ、自分の手で運命をつくりだすための一歩でもある。

リーダーになるためには、自分自身にならなければならない。人生のつくり手にならなければならない。そのためのルールはないが、私は長年の観察と研究から、いくつかの教訓をみちびきだした。次の章では、その教訓を紹介していこう。

第三章 自分を知る

よく思うのだが、個々の人格を定義する最良の方法は、その人がもっとも活力にあふれ、全身で生を謳歌しているときの、精神的もしくは道徳的な態度に目を向けることではないだろうか。つまり、その人の内なる声が『これが本当の私だ』と叫ぶ瞬間である。

——ウィリアム・ジェイムズ

『Letters of William James

（ウィリアム・ジェイムズの手紙）』

思春期の子どもたちは、我々が思っているよりもずっと大きな影響を周囲の世界から受けている。家族、友人、学校、社会は、あるときは言葉で、あるときは手本を見せて、「こうあるべき」というメッセージを子どもたちに伝える。

しかし、リーダーへの道はあるべき姿を「自分で」定めたときから始まるのだ。

リーダーの中には、この瞬間を人生の早い段階で迎える人もいる。元教育省長官のシャーリー・ハフステッドラーは、法曹界で長く活躍してきた女性だが、若いころはアウトローのような存在だった。彼女は幼い日の自分をこうふり返る。

「当時の私がしたいと思うことは、世間が許さないことばかりでした。私が興味を持つことはたいてい、女の子がすることではないと考えられていたのです。したいことをするために必死に知恵をしぼりました。世間から怪しまれないよう、女の子らしい服を着てピアノ・リサイタルに行くことも忘れませんでした。偽装工作ではありません。まわりを見て、障害があれば避けて通るのと同じことです。目標を明確にし、実現の可能性を冷静に分析すれば、目標を達成する方法はたいてい見つかるものです」

女性飛行士の草分けで、実業家でもあるブルック・ナップも、伝統的な女性像と戦ってきた。ナップはいう。「私は南部で育ちましたが、それは妻になるよう育てられることでした。私がカレッジに入ったころは、立派な男性と結婚し、夫の出世を助け、子どもを生むことが女性にとっての成功だと考えられていました。でも私はおてんばで、母より強かった。私をコントロールすることは不可能だったのです」

社会が押しつけてくる理想像を拒否し、ありのままの自分になることはけっして簡単ではない。そのことをナップは身をもって学んだ。「高校時代に『ミス体育』に選ばれそうになったことがありました。でも、運動しかできないバカ娘のように思われるのがいやだったので、『ミス人気者』になれないかと考えたのです。投票権を持っている人の名前をすべて覚え、必ず名前で呼びかけるようにしたところ、みごと『ミス人気者』の栄誉を勝ちとることができました」

ところが、ナップの人気は急降下する。「クラスの女子の母親が私を中傷するようになったのです。人間は成功すると人に嫌われ、悪者にされてしまうのだ――そう悟った私は、その後何年間も自分にふたをして生きるようになりました。もう一度、自分の可能性をためしたいと思うようになったのは、結婚してからのことです」

つまり、「汝自身を知れ」という言葉は、自分は誰なのか、どんな自分になりたいのかを、世間の指標ではなく自分の指標で考えよと語りかけているのだ。作家で精神分析医のロジャー・グールドも、人生のごく早い段階で自分を信頼することを学んだ。彼はこう語る。

「今でも覚えていますが、父と議論していると根拠のないルールが次々と飛び出してくるんです。まったく理解できないものばかりでした。あのころは『なぜ?』を連発していましたね。

あるとき、たしか六歳くらいだったと思いますが、ベッドに転がって星空を見上げながらこう思ったんです。『宇宙には地球以外にもたくさんの惑星がある。中には生命体のいる星だってあるはずだ。そもそも地球も大きな星だし、数えきれないほどの人間が住んでいる。全員がいつも正しいなんてありっこない。だったら父さんが間違っていて、ぼくが正しいってこともあるんじゃないか』とね。これが私の編みだした相対性理論でした。

高校に入ってからは古典を読むようになりました。今思うと、あのときが両親から離れ、自分自身の人生を歩みだすきっかけでした。思いのままに過ごすことのできる私だけの生活ができたんです。でもこのことは、自分の中で消化できるまで誰にも話しませんでした」

ハフステッドラーもナップもグールドも、私が話をしたすべてのリーダーと同じように、自らの手で自分をつくりあげた。障害の中身も違えば、それを乗り越える方法も違ったが、三人が口をそろえて強調したのは、自分を知ることの重要性である。

このプロセスに取り組む時期は人によって違う。若いころに始める人もいれば、大人になってから始める人もいる。問題は時期ではない。いつ始めようと、このプロセスは一生続く。「私は誰なのか」という問いと格闘し、二〇歳までに本来の自分らしく生きることを学んだ人たちは、大人になってからも自分を探求し、経験を吟味し、自らを試す。それ以外の人は、たとえばルーズベルトやトルーマンがそうだったように、中年期に入ってから自分の改造に取り組む。

現在の自分や自分のしていることが気に入らないという理由で変化を求める人もいれば、トルーマンのように何かのできごとを機に潜在能力の開発を迫られる人もいる。いずれにしても、自分を知り、自分をコントロールできるようになれば、有形無形の報酬を手にできるだろう。今までどおりのことをしていては、今までと同じものしか手に入らない。しかも、それは自分が求めているもの、自分にふさわしいものとはかぎらないのだ。

自分自身になる方法、人生の主人になる方法、自分を表現する方法を教えてくれる人はいない。

だが、これは未踏の道ではない。これからこの道を歩もうとする人たちのために、先人が残した教訓をまとめた。名づけて、「自分を知るための四つのレッスン」だ。①自分の最高の教師は自分である。②他人を責めるのをやめ、責任を引き受ける。③貪欲に学ぶ。④経験を吟味して真の理解に達する。以下、くわしく見ていこう。

† レッスン①自分の最高の教師は自分である

バージニア大学マッキンタイア・スクール・オブ・コマースのギブ・エイキン助教授は、六〇人の管理職を対象に学習経験に関する研究を行った。研究の結果は『Organizational Dynamics（組織の力学）』に収められているが、エイキンはこの重要な研究を通して、管理職たちの経験が驚くほど一致していることを発見した。

彼は次のように述べている。「学習は人間を成長させる。人は学ぶことによって、知識を得るのではなく新しい人間になる……学ぶというのは、何かを得ることではなく何かになることなのだ」

エイキンによれば、学習の方法には次のようなものがある。

【模倣する】知人、歴史上の人物、もしくは著名人をまねる。
【役割を引き受ける】あるべき自分像を設定し、それに従う。
【実践する】問題をチャンスととらえ、その問題に取り組むことによって学ぶ。

【実証する】概念を適用し、検証し、その結果から学ぶ。
【予想する】概念を組み立て、適用する。実際に行動を起こす前に学ぶ。
【内面を見つめる】特定の能力の習得よりも、自己認識と「価値観と態度の変容」に重点を置く。
【科学的にとらえる】観察し、その結果をもとに概念化し、実験を通して新たなデータを収集する。常に事実に重点を置く。

エイキンが話を聞いた管理職たちは、学習の基本的な動機として二つのポイントをあげた。ひとつは「知らなければならない」という思いだ。この感覚をエイキンはこう代弁する。「それはまるで渇きや飢えのように彼らをさいなみ、満たされるまでは、そのことで頭がいっぱいになってしまうことさえある」。もうひとつは「役割意識」だ。この感覚は「今の自分とあるべき自分のずれを本人が自覚している」ところから生じる。

いいかえれば、管理職たちは「自分は能力をまだ十分に発揮しておらず、自分自身を表現することもできていない」と感じていた。そして学習こそ、この状態から抜けだし、自分をあますところなく表現するための大きな一歩になると考えた。

また彼らは、学習と自己は切り離せないと感じていた。このような知識は学校では学べない。教師は自分しかいない。管理職たちはそれぞれの形で、自分が新しいことを学ぶ時期にきていることに気づいた。あるいは、自分にはもっと多くの可能性があることに気づいたといってもよい。

この段階までできたら、次のステップは自分自身と自分の教育に対する「責任を引き受ける」ことだ。「自分を知る」という冒険に乗りだした人々を待ち受けている最大の障害は、「否定」と「非難」である。

†レッスン②他人を責めるのをやめ、責任を引き受ける

このレッスンがもたらす知恵は、直感的にわかると思う。ここではマーティン・キャプランの言葉を引用したい。私の知るかぎり、責任を引き受けるとはどういうことかを、彼ほど鮮やかに示してくれた人はいないからだ。

キャプランはノーマン・リア・センターの所長であり、南カリフォルニア大学アネンバーグ校の副学部長だ。脚本家、プロデューサーとしても名高い彼は、まだ三〇代だった一九八〇年代半ばに、三つ目のキャリアに乗りだした。

新しい肩書きはディズニー・プロダクションの副社長だった。当時の彼は、すでに生物学、「ハーバード・ランプーン」（ハーバード大学の風刺雑誌）、放送・活字ジャーナリズム、国政など、多くの分野で活躍した経験を持っていた。しかし、映画産業についてはほとんど何も知らなかった。

「入社に先立ち、自分に『特訓コース』を課したんです。まずは六週間、毎日五本から六本の映画を観ました。過去数年間のヒット作は全部観るつもりでした。脚本が手に入るときは必ず目を通し、ヒットの理由を探りました。自分のための大学とでもいうのでしょうか。映画の仕事とい

うものを、ビジネスと芸術の両面から少しでも理解しておきたかったのです。

過去に籍をおいた業界はどこでも、コミュニティを知ることが重要でした。大学院で文学を研究していたときは、作家と批評家を知ることが世界を知ることでしたし、ワシントンでは政界のプレーヤーを把握することが大切でした。映画業界では文字どおり「プレーヤー」、すなわち俳優を知る必要がありました。

特訓を進めるうちに、この業界には重要な脚本家が一〇〇人ほどいることがわかったので、今度は彼らの書いた脚本をひとりにつき一、二本読むことにしました。ディズニーでの仕事が始まったとき、基礎ができるまでに三年はかかるといわれましたが、九カ月後にはスタジオ責任者から『卒業』を認められ、昇進もさせてもらいました。ときどきはヘマもしましたが、入社一年後にははえぬきの同僚に引けをとらない仕事ができるようになりました。

なぜ、そんなことができたのか。ひとつは鍛錬のおかげです。意欲的に取り組んだこと、前職でつちかったスキルを応用できたことも重要でした。分子生物学と政治と映画を動かしているものは意外に似ているんです。ひとことでいえば、『関係づくり』ですね。

ディズニーに入ってまずやったのは、スタジオ責任者のオフィスに日がな一日座っていることでした。来る日も来る日もです。彼の言葉に耳をそばだて、その一挙手一投足に注目しました。脚本家が来ても、プロデューサーが来ても、私は席をはずしませんでした。

彼が電話をかけるときは、席でじっと耳をかたむけ、組織のトップの仕事ぶりを観察しました。断るときはどうするのか。同意するときはどうするのか。どうやって攻撃をかわし、甘い言葉で相手をまるめこむのか。最初の数カ月間は常に黄色いメモ帳を持ち歩き、わからない言いまわしや業界用語、固有名詞、聞いたことのない戦略、契約をめぐる意味不明の数字などがあれば、かたっぱしから書きとめました。そして定期的に社内をうろつき、意味を教えてくれそうな相手を探しました。

すべてが新しかったので、どんな状況からも学ぶことができました。どんなに愚鈍な相手であろうと、どんなにくだらないアイディアであろうと、どんなに低水準のエージェントであろうと、すべての出会いが有意義でした。初めての経験ばかりだったので寛容になれたのです。

他の人が見たら退屈きわまりないものや、相手をする必要もないようなくだらないことからも学びました。どんなものもいったんは頭の中に入れ、そのあとで不要なものは消し去った。自分にとって本当に有意義で重要なもの、いいかえるなら、学ぶことができるもの、学ばなければならないものだけを残したのです」

† レッスン③貪欲に学ぶ

リーダーシップの基本が「人生の可能性に対する情熱」だとすれば、その可能性を実現するためには、持てる能力を総動員することが条件になる。キャプランはディズニーに入ったとき、これをなしとげた。自分の能力を存分に発揮することは、学ぶことでもある。

ここでいう「学ぶ」とは、単に知識や規則を習得することではない。目の前の世界と理想の未来を同時に見ることであり、見たものを理解し、その理解にもとづいて行動することだ。キャプランは映画ビジネスを学んだだけでなく、知識を自分の中に取り入れ、吸収し、理解した。

「そのためには、過去の経験を吟味することが不可欠なのでは」と問いかけると、彼はこう答えた。

「もうひとつ、重要な要素があります。それは『経験を積みたい』という意志です。実際に体験することを嫌い、せっかくの学習機会を逃してしまう人もいます。不安はあるけれども新しいものを吸収したい――そういう気持ちがなければ学ぶことはできません。ある面では、これは気質の問題です。怖いもの知らずであること、楽天的であること、自信家であること、そして失敗を恐れないことが大切です」

「失敗を恐れない」。この言葉を覚えておいてほしい。この点については、後章でもとりあげる。

† レッスン④経験を吟味して真の理解に達する

キャプランはただ大量の映画を観賞し、脚本に目を通し、スタジオ責任者のオフィスで一日を過ごしていたわけではない。自分が見たもの、読んだもの、聞いたことを吟味し、新しい知識を得たのだ。

経験を吟味することとは、いってみれば自分自身とソクラテス的な対話をすることだ。しかるべきときにしかるべき問いを投げかけることで、自分と自分の人生の真実を明らかにすることができる。本当は何が起きたのか。なぜ起きたのか。起きたことと自分はどんな関係があり、何を意味しているのか……。こうした問いを通して、私たちは自分に必要な知識を見つけ、吸収していく。もっというなら、それは、すでに知っていたのだが忘れていた知識を取り戻し、ゲーテの表現を借りるなら、鉄床ではなくハンマーになることを意味する。

キャプランは力をこめて語る。「人間はいずれ死ぬという事実に直面したとき、私たちは過去を吟味するようになるのかもしれません……人生は死との競争であることに気づいたとき、すぐれた文学を本当の意味で理解できるようになります。愛、神、芸術――なんであれ、作家が提起するものにそなわっている救いの力こそ、限りある人生を生きるに値するものにしてくれるのではないでしょうか……ある意味では、過去を吟味するというのは、自分を知るための問いを自分に投げかけることなのです」

なんであれ、理解していないものは自分のものにはならない。自分自身でさえそうだ。感情が真実を伝えていても、なぜうれしくなるのか、腹が立つのか、不安になるのかがわからなければ、その真実を役立てることはできない。

たとえば上司にどなられたとき、どなり返すのが怖くて口をつぐんでしまった経験は誰にでもあるはずだ。そんなときは、あとで何もしていない友人に罵声《ばせい》を浴びせてしまったりする。人生ではこうした感情の置きかえがしばしば起こり、苦しみを生みだす。上司にどなり返せといっているのではない。大切なのは理解することだ。理解すれば、とるべき手が見えてくる。

リーダーたちとの対話では、経験を吟味することの重要性や、吟味することが理解を促すという考えが何度も出てきた。たとえば、現在全米教育委員会協議会（ＮＳＢＡ）の常任理事を務めるアン・ブライアントは、米国大学女性協会（ＡＡＵＷ）の常任理事だったころの日課を語ってくれた。

「毎朝、目覚まし時計のアラームが鳴りやんだら、ベッドに横たわったまま、一五分ほどかけて、その日の予定を思いうかべます。打ちあわせの目的や週末までに片づけておきたいことをおさらいするんです。これを日課にして、もう二、三年になるでしょうか。しなかったときは、一日をむだにしたような気分になります」

　未来を見とおすためには、まず率直な目で過去をふり返る必要がある。ブライアントは週に四日をワシントンDCのオフィスで過ごし、残りはシカゴの自宅で過ごす。自宅では本を読み、その週にあったことをふり返り、来週以降の計画を立てるという。


　以上が「自分を知る」ための四つのレッスンだが、このレッスンを実践するには、子ども時代の経験や家族、仲間などが、今の自分にどんな影響を与えているのかを理解する必要がある。人間というのは、自分のことはなかなかわからないものだ。

　今や古典ともいえる『孤独な群衆』（みすず書房）の中で、著者デイヴィッド・リースマンは次のように書いている。

「（内部指向型の人は）自らの『内部』に羅針盤を持っている。それは、幼いころに年長者によって埋めこまれたものだ。彼らはこの羅針盤に従って、一般化された役割を果たそうとする。それが、逃れることのできない宿命のように思われるのだ」。一方、「他者指向型の人の羅針盤は、同時代の人々だ。それは直接の知人かもしれないし、友人やマスメディアを介して間接的に知っている人かもしれない。他人の感覚を人生の指針とする姿勢は、幼児期に植えつけられる。その意味では、この羅針盤は内面化されている。他者の感覚が変われば、彼らが目指すものも変わる。他者志向型の人は、常に何かを得ようともがいている。それは、他人が発する信号にアンテナを張りつづける人生でもある」

このように、ほとんどの人は年長者や仲間の意見にもとづいて、自分という人間をつくりあげる。これに対してリーダーは、自分が進むべき方向を自分で選ぶ。

もっとも、そのためには他者との関係を通して、己を知ることが不可欠だ。ボリス・パステルナークは、『ドクトル・ジバゴ』の中でこう書いている。

ところで、おまえは何者なのだ？　おまえが「自分自身」だと考えてきたおまえとは、いったい何者なのだ？　おまえは自分のどの部分を自分と意識しているのだ？　腎臓か、肝臓か、それとも血管か？　いや、そのどれでもない。記憶をどこまでさかのぼっても、おまえが自分という存在に行きあたるとき、そこには必ず外部に向けられた顔がある。仕事の中の自分。家族の中の自分。他者の中の自分。さあ、よく聞け。他者の中の自分――これこそがおまえだ。他人の中にいて初めて、おまえの意識は躍動する。おまえは他者の意識によって生きる。そして人生を、魂を、永遠の命を手に入れる。おまえの人生は他人の中にあるのだ。

どうすれば、この逆説を解決できるのか。答えはこうだ。「リーダーは他者から学ぶが、他者によってつくられることはない」。これこそ、リーダーの際立った特徴である。彼らは、自分で自分をつくりあげることで、自己と他者を調和のうちに共存させるようになる。

つまり、こういうことだ。今日では多くの場合、過去に学んだことを捨てなければ本当の意味で何かを学ぶことはできない。なぜか。我々は親や教師や友人から「自分自身になる方法」ではなく、「社会に適合し、世間の基準に自分をあわせる方法」を教えこまれているからだ。

ヘブライ・ユニオン・カレッジのアルフレッド・ゴットシャルク名誉学長は、こう語った。「自分の子であれ、他人の子であれ、『自分自身を受け入れることがなぜ必要なのか』を教えることほど、むずかしいことはありません。子どもたちは、ものごとに深い興味をいだきません。きちんと考えることもない。人にいわれたことや本で読んだこと、テレビで観たことをそのまま受け入れてしまうのです。子どもは順応しやすく、流行にもたやすく染まってしまいます」

そして自らの信条をこう説明する。「自分は他の誰とも違う存在だ——誰もがそう感じられなければなりません。集団は多様性に寛容になる必要があります。個性を押さえこまなくても結束はできます。私は、人間には本来の自分を取り戻す力があると確信しています」

両親や仲間の圧力に屈することなく、健全で、しかも生産的な大人になるためにはどうすればよいのか。ウィリアム・ジェイムズは、一八九〇年に発表した著書『The Principles of Psychology（心理学原理）』の中で次のように書いている。

自我とは、その人が自分のものと呼ぶことができるものの総体である。肉体や精神の力だけではない。衣服や住居、妻子、先祖や友人、名声や仕事、所有する土地や馬、ヨットや銀行口座までもがその人の自我にふくまれる。これらのものが増加したり、勢いを増したりすれば、その人は勝ち誇った気分になる。減少したり、衰えたりすれば、打ち負かされたような気分になる。

顕示的消費にとりつかれた人間を、これほど的確にいいあらわした文章はない。ジェイムズは次のように結論している。「現代人の自己感情は、自分の存在や行動のよりどころとなっているものに全面的に依存している」

つまり、自分自身をよりどころとし、自己を啓発し、信頼し、最終的には「信頼できる存在」となって他者を啓発すること――ここから、リーダーへの道は始まるのだ。

†人生に訪れる八つの危機

高名な精神分析家であるエリク・エリクソンは、人生を八つの段階に分けた。この分類は、自分で自分をつくりあげるプロセスを考えるうえでも役立つ。

各段階にともなう危機を解決しないかぎり次の段階には進めない、とエリクソンはいう。

一	乳児期	「基本的信頼」対「基本的不信」
二	幼児期初期	「自律性」対「恥・疑惑」
三	幼児期	「自発性」対「罪悪感」
四	学童期	「勤勉性」対「劣等感」
五	青年期	「アイデンティティの獲得」対「アイデンティティの混乱」
六	成人期初期	「親密性」対「孤立」
七	成人期	「世代の継承」対「停滞」
八	老年期	「統合性」対「絶望」

たとえば、多くの人は「自発性」と「罪悪感」の間で生じる葛藤を克服できず、真の目的を持たないまま人生をおくる。ほんの一世代前まで、子どもを生んでも仕事に情熱をかたむける女性は、よくても「わがまま」、悪ければ女として「異常」と見なされた。子育てとキャリアを両立するという選択肢はストレスが多いだけでなく、たいていは支持も得られなかった。どちらの道を選んでも、女性は自発性と罪悪感の間で引き裂かれた。当然、心の葛藤は外側にもあらわれ、本人はもちろん、周囲の人々も傷つけた。社会の一員であるかぎり、たとえ世捨て人であっても、ひとりだけで苦しむことはできない。

女性と比べると、男性は人生の各段階を比較的容易に乗り越えてきた。しかし、善意の両親や教師に責めたてられ、自分が望む道ではなく、周囲がすすめる道を歩んでしまう男性も多い。こうして詩人を夢見ていた男が会計士になり、未来のカウボーイが企業幹部になり、それぞれに満たされない思いに苦しむ。

もし彼らが自分の夢を追いかけていたら、どんな仕事ができただろうか。それは誰にもわからない。同世代のミュージシャンの中でもずば抜けた影響力を持つジョン・レノンは、あるとき自分を育ててくれた伯母に金の飾り板を贈った。そこには、「そんなギターを弾いたって食べていくことはできないんだよ」という言葉が刻まれていたという。それは伯母が口癖のようにくりかえしていた言葉だった。

エリクソンは、八つの危機をどう解決するかによって、その人がどのような人間になるかが決まると考えた。

一	「信頼」対「不信」＝希望もしくは引きこもり
二	「自律性」対「恥・疑惑」＝意志もしくは強制
三	「自発性」対「罪悪感」＝目的もしくは抑圧
四	「勤勉性」対「劣等感」＝能力もしくは惰性
五	「アイデンティティの獲得」対「アイデンティティの混乱」＝忠誠もしくは放棄
六	「親密性」対「孤立」＝愛もしくは排他
七	「世代の継承」対「停滞」＝世話もしくは拒否
八	「統合性」対「絶望」＝英知もしくは軽蔑

子どもたちはあらゆる影響にさらされながら育つ。こうした危機を乗り越えて、まっとうな大人になることなど、不可能に近いと思えるほどだ。以前ある女性から、「機能不全の家庭」とい

う表現はおかしいのではないかといわれたことがある。「そもそも機能している家庭などあるのでしょうか。少なくとも、私は一度もお目にかかったことはありません」。たしかにテレビ番組に登場する幸福な家庭は、現実の家庭とはかけ離れている。ホームコメディに出てくる子どもたちは、アメリカの平均と比べると、賢く面倒見のよい両親のもとで、幸福な子ども時代をおくっている。

精神分析医のロジャー・グールドは、「幼いころに外界に適応しようとして生じたゆがみを乗り越える」ことをテーマにした本の執筆を考えているという。

「ゆがみを持っている人は、新しい現実に直面し、それに取り組む中で、このゆがみを正そうとします。人生の各サイクルに待ち受けている課題にきちんと対処していくためには、自分の主張や仮定をたえず見直していかなければなりません。そうすることで、ゆがみは消えていきます。……感情は過去の行動の記憶です。過去の記憶をふるいにかけ、現在に通用するものと、そうでないものを分けることで、行動を変えることができるのです」

多くの証拠が示しているとおり、肉体が成長をとめても自我は発展を続ける。身長や骨格は変えられなくても、考え方を変えることはできるのだ。「幸福な子ども時代は今からでも経験できる」と主張する人は多いが、私にはそこまではいえない。子ども時代の環境を今から変えることはできないし、ましてや改善することなど不可能だ。しかし、当時をありのままに思いだし、あじわい、理解すれば、子ども時代の影響から脱することはできる。記憶を吟味し、理解できれば、我々はひきこもる代わりに希望を持ち、強制を意志に、抑圧を目的に、惰性を能力に変えることができる。

この点については異論も多い。たとえば、人間の運命は遺伝子で決まるという考え方がある。人間は遺伝子情報でできているというわけだ。それに対して、人間は環境の産物であり、どんな環境で育つかによって、人生は変わると熱弁をふるう一派もある。別々の環境で育った一卵性双生児の研究を見るかぎり、前者のほうが真実に近い気がするが、「人間はいかにして〝自分に〟なるのか」という問題の本当の答えは、もっと複雑だ。

最近の遺伝子研究の結果、疾病には遺伝的要素が大きく関与していることがわかった。しかし、人間がさまざまな不調に苦しめられる原因は、ストレスのような環境要因にあることを示す説得力のある研究結果も多い。同様に、脳や心は臓器にすぎず、化学反応以上のことはしないと主張する科学者がいる一方で、脳と心こそ、理性と感情、高度な知識や詩情といった、人類と類人猿を隔てる特性や能力の源だと主張する科学者もいる。また、脳の回路は生まれる前にある程度決まっていることを示す神経生物学的データがある一方で、脳にも順応性があり、特定の経験をくりかえせば、脳そのものを変えられることも明らかになりつつある。

内向性やユーモア感覚といった人格特性でさえ、遺伝子によって決まることを示す研究結果が増えている。遺伝子決定論と環境決定論の大論争を見ていると、自己決定論が入りこむ余地はなさそうだが、この二つの主張はどちらも、自分の行動に対する責任放棄を正当化しようとしているのではないか。彼らの主張は、コメディアンのフリップ・ウィルソンの決めぜりふ「私が悪いんじゃない。私の中の悪魔のせいよ！」と本質において変わらない。

実際には、我々はあらゆるものでなりたっている。遺伝子、環境、家庭、友人、貿易風、地震、太陽黒点、学校、事故、ふしぎな幸運……。その中には想像の範囲内のものもあれば、思いもよらないものもある。ニューエイジの信奉者たちなら、ここに過去生をつけ加えるだろう。「生まれか育ちか」をめぐる果てしない論争は興味深く、ときには思わぬ気づきをもたらしてくれるが、結論は永遠に出ない。人生の指針としては、占星術のホロスコープくらいに考えておくべきだろう。

すべての人がそうであるように、リーダーも科学と環境の産物だ。しかし、リーダーがその他大勢と大きく違うのは、こうした要素をすべて取り入れたうえで、新しい自分、他の誰とも違う自分をつくりあげている点にある。

作家のウィリアム・フォークナーがいったように、「過去は死んでいない。過ぎ去ってすらいない」。すべての人は自分の内部にそれまでの全人生を抱えている。頭の中には生まれおちたときからこれまでにしたことのすべて、見たもののすべて、出会った人のすべてが入っている。こうした「心の荷物」を吟味することによって、我々は過去を理解し、有益な経験に変えることができるのだ。

「吟味されていない人生など、生きるに値しない」とソクラテスはいった。この言葉を私は一歩進めたい。「吟味されていない人生を、心から満足して生きることなどできない」。ボートが進む様子を見ればわかるように、我々はうしろを向いているときに前に進んでいることが多い。真の意味で前進し、向上するためには過去を見すえ、それがなんであったかを完全に理解する必要がある。

人生を自分の手に取り戻すまでは、借りものの服を着て歩いているようなものだ。他の人々と同じように、どの分野のリーダーも、経験とスキルでつくられている。リーダーが彼らと違うのは、経験に使われるのではなく、経験を活用していることだ。

再びウィリアム・ジェイムズを引用しよう。「天才とは、習慣化されていない方法でものごとを知覚する能力にすぎない」。大人になると、たいていの人は惰性で行動するようになる。人間は無数の習慣を生みだす。いらだったり退屈したりすると指で髪を巻きはじめる女性から、不安を隠すために絶対に「ありがとう」といわない男性まで、我々はみな習慣の犠牲者だ。習慣は人間を支配するだけでなく、抑圧し、嘲笑する。

習慣から自由になり、逆説を解決し、葛藤を乗り越え、人生の奴隷ではなく主人になるためには、まず見て、記憶し、忘れなければならない。真の学習は知識を捨てることから始まる。だからこそ、本書には「知識を捨てる」というテーマがくりかえし登場するのだ。

過去の偉大な発明家や科学者たちは、常識を忘れることで初めて自分の仕事を一歩先に進めることができた。ライト兄弟は、「人間が空を飛ぶことが許されるなら、神は人間に翼を与えていたはずだ」とまことしやかにいわれていた時代に飛行機をつくった。

自分自身になる方法教えてくれる人はいない。両親も、教師も、友だちも、答えは持っていない。彼らはむしろ「自分自身にならない方法」を教えようとする（もちろん、それは善意からなのだが)。

高名な児童心理学者のジャン・ピアジェは、「子どもに何かを教えるというのは、子どもがそれを自力で発明するのを妨げる行為だ」といった。この言葉も私は一歩進めたい。「子どもが学ぶのを〝助ける〟のではなく何かを〝教える〟というのは、子どもが自分自身をつくりあげるのを妨げる行為だ」。教えるという行為は本質的に、教える側と教わる側を均質化しようとする。それに対して学ぶという行為は、学ぶ者を自由にする。自分自身や世界を知れば知るほど、人間はさまざまなことを自由に達成できるようになる。

多くのリーダーは学校——とくに小・中学校になじめなかった経験を持つ。アルバート・アインシュタインはこう書いている。「現代の教育が『調べたい』という神聖な好奇心を窒息させていないとすれば、それは奇跡というほかない……何かを見たり調べたりするよろこびが、強制や義務感によって促されると考えるのは大変な間違いだ」

私が話を聞いたリーダーたちも同意見だ。たとえば、科学者で慈善家のマチルド・クリムは、「学校が統制機関である以上、私は学校を好きになれません」と語った。フィデリティ・インベストメンツの取締役会長兼CEOのエドワード・C・ジョンソン三世は、「何年生になっても、教室にじっと座っているのは苦手でしたね。でも、アイディアや物に対する好奇心は常にありました」といった。幼いころのジョンソンは、教わることと学ぶことの違い、訓練と教育の違いを本能的に察知していたのだろう。

いうまでもないが、家庭や学校をはじめ、人間を均質化しようとするものをすべて廃止したり、生活から完全に排除したりすることはできない。しかし、それをあるがままに見ることはできる。

つまり、これらのものは方程式そのものではなく、方程式の一部にすぎないのだ。

世間では、次のような方程式が正しいと考えられている。
●家庭＋学校＋友人＝私
しかし、自分自身になることを目指す人には、次の方程式だけが意味を持つ。
●（家庭＋学校＋友人）∴私＝本当の私
この方程式に従えば、我々は経験につくられるのではなく、自分で自分を設計できるようになる。単なる結果ではなく、原因と結果の両方になることができる。
●自分を認識する＝自分を知る＝自分を所有する＝自分をコントロールする＝自分を表現する
この方程式を理解できたとき、あなたは自分の人生をその手に取り戻すだろう。

第四章
世界を知る

息子の教育にはずいぶん苦労しました。まだ小さいうちに町に放りだして、自分で生活させたんです……男の子を利口にしようと思ったら、それしかないんですよ。

——チャールズ・ディケンズ
『ピクウィック・ペイパーズ』（あぽろん社）

よくあるリーダーシップ講座の問題点は、内容が技術にかたよっていて、リーダーを育てるどころか、せいぜいマネジャーしか生みだせないところにある。もちろん、管理に必要な技術は教わることができる。この技術はリーダーにも役立つだろう。しかし、リーダーシップの本質を教わることはできない。それは自力で習得するしかない。

ロバート・ドクスンは、カルフェドのCEOだったころ、こう語ってくれた。「正規の学校教育では本当に重要なことは学べません。たとえば、シティ・コープのウォルター・リストンとバンク・オブ・アメリカのA・P・ギアニーニをリーダーたらしめていたものは、金融の技術ではない。ビジョンです。彼らは自分が何を求めているのか、会社をどこへみちびいていくべきかをはっきりと理解していました」

リーダーはユニークな個性の持ち主だ。だから、彼らが学ぶものも、学んだ知識で未来をつくりあげる方法も、ユニークなものとなる。

前章でも述べたように、リーダーは技術を学ぶだけでなく、経験を積み、理解し、応用しなければならない。ノーマン・リアは、空軍の一員としてイタリアに駐屯していたときの思い出を次のように語ってくれた。

「イタリアのフォッジャという町のバーで、男を殴りとばしたことがありました。自分から手を出すなんて初めての経験でした。相手は米軍の兵士でしたが、ユダヤ人をばかにするようなジョークを口にしたんです。私の番組『オール・イン・ザ・ファミリー』にも、この件を下敷きにしたエピソードが出てきます。マイクが地下鉄で暴力をふるっていた男を殴るのですが、彼は自分の中の暴力性に気づいて、自分で自分が恐ろしくなる。あのときの私も同じような怖さを感じました。ここにはリーダーシップがかかわっていると思うのですが、その感覚がどこから来るのかはわかりません。はっきりしているのは、あのときは自分がマイノリティで、誰からも求められていないという気持ちと格闘していたということだけです」

数々の研究結果やリーダーの実体験が示しているとおり、ある種の経験は学習を促す。たとえば、「広範な成人教育」「特異な家庭環境」「長期の旅や亡命生活」「充実した私生活」「すぐれた師や集団との貴重な交流」などだ。

こうした経験の利点を説明する前に、まず学習そのものについて考えてみたい。

†リーダーに必要なイノベイティブ学習

一九七二年に、ローマクラブは学習に関する画期的な研究に着手した。その成果をまとめた報告書『限界なき学習』（ジェームズ・W・ボトキン、マフディ・エルマンジュラ、ミルチャ・マリツァ／ダイヤモンド社）は、「地球の資源には限りがある」という前提から出発し、世界が物質的な発展を続けることを困難にしている外的要因を列記したのち、「人間にはまだ多くの能力が眠っており、それを開花させることができれば、地球は未曾有の発展をとげることができる」と結んでいる。

この報告書が出たのは一九七九年だが、その内容は現代にも十分通用する。アウレリオ・ペッツェイによる序文には次のように書かれている。「人類は進化の途上にある。今求められているのは、学ぶべきことを学ぶために必要なものを知ること、そして、それを学ぶことだ」。著者らは「ヒューマン・ギャップ」という言葉を次のように定義している。「人類は複雑化する世界に対処できていない。このずれをヒューマン・ギャップと呼ぶ。社会の急激な変化に人間の能力が追いついておらず、一種の分裂状態が生じている」

そして従来型の学習を大きく二つに分け、次のように解説している。

【メンテナンス学習】もっとも一般的な学習方法。「すでに確立されている見解、手法、規則を身につけることで、既知の状況に対処できるようにする。（中略）既存のシステムや生活様式を維持するための学習方法」

【ショック学習】圧倒されるような事態が起きたときに発動する学習方法。現在はメンテナンス学習と同じくらい一般的になりつつある。「今このときにも、人類はこうした原始的な学習を引き起こす、あるいは余儀なくするような事態や危機が起きるのを、なんの手も打たずに見守っている。（中略）ショック学習は、エリート主義、テクノクラシー、権威主義の産物といってもよい。ショック学習は、専門知識や技術で固めた解決策を盲信し、その解決策が効力を失ってからも使いつづけているようなときに起きることが多い」

どちらも、学習というよりは一般通念を受け入れることに近い。現代人の多くは社会や家庭、学校が押しつけてくる世界観や知識を福音のように受け入れて、本当に必要なこと、つまり、自分自身の内なる声に耳をかたむけることを忘れてしまう。

アメリカの自動車産業はメンテナンス学習を採用して繁栄したが、あるとき壁にぶちあたった。日本の自動車メーカーにトップの座を奪われたのだ。このショックを機に、アメリカの自動車メーカーは自分たちが危機的状況に置かれていることに気づいた。

そしてどうしたか。デトロイトはすでに創造性を失い、財政破綻の危機に直面していたが、メーカー各社は、このジレンマから抜けだす方法を探る代わりに、何年間もショック学習を続けた。工場を閉鎖し、何千人もの労働者を解雇し、見こみのありそうな解決策を手あたり次第に導入したのだ。自分で自分に与えた傷から、デトロイトが本当の意味で立ち直りはじめたのは、一九八〇年代半ばのことだ。復活の鍵は、ローマクラブがいうところの「イノベイティブ学習」にあった。

『限界なき学習』の著者らはこう書いている。「従来の学習方法では、複雑化した世界には対処できない。このままでは（中略）人類は新たなできごとや危機をコントロールできなくなる」

世界にあてはまるものは個人にもあてはまる。メンテナンス学習やショック学習に依存している人は、人生の「主体」ではなく「客体」になる。たとえば、家族は現状維持を至上目標とする共同体だ。家族の誰かが急死すれば、衝撃のあまり、一時的に多くの家庭が崩壊する。子どもの死にたたきのめされ、離婚してしまう夫婦もめずらしくない。

ビジネスの世界でも同じだ。常識を疑いもせずに受け入れる人は、官僚組織のトップにのぼりつめることはあっても、自分の個性を開花させることはない。自分の人生を直視する機会があったら、彼らは失われた夢の多さに呆然とするだろう。

だからこそ、メンテナンス学習やショック学習ではなく、イノベイティブ学習が必要なのだ。この学習には、三つの柱がある。

●未来を見通す（受動的・習慣的な態度ではなく、能動的・創造的な態度をとる）。
●他人の意見を聞き、そこから学ぶ。
●参加する（ものごとの結果ではなく原因になる）。

イノベイティブ学習では、自分を信頼し、人生でも仕事でも、他者ではなく自分を基準にすることが求められる。未来を見通し、ものごとの結果ではなく原因になることができれば、その見返りは途方もなく大きい。

ローマクラブの報告書がいう「無意識の適応から意識的な参加への移行」は、新たな関係の構築や認識を促す。人々は手をとりあい、お互いを深く理解するようになる。

映画監督のシドニー・ポラックは、イノベイティブ学習を妨げるものをこう解説している。

「想像力は誰にでもそなわっていますが、社会は自由な発想に眉をひそめる傾向があります。一定の年齢を超えると、人々は『○○ごっこ』とか、『○○だったら』といった遊びをぱったりやめてしまう。頭の中では続けているのですが、ある時点から気がとがめてくるんですね。

たとえば、交響曲を聴いていると自分が指揮者になったような気がしてきます。狂ったように指揮棒をふりまわす自分の姿が脳裏に浮かんでくる――。ところが、大人になるとこう思ってしまうんです。『やれやれ、指揮者の気分になっていたなんて、誰にも知られないようにしなくては』

でも本当は、こうした想像力こそが、あらゆる場面で問題解決の鍵になる。少なくとも芸術の世界では、問題解決の基本は想像力です。それは絵画でも、ダンスでも、振付でも、映画の演出でも、脚本や小説の執筆でも変わりません」

想像力を利用した問題解決は、イノベイティブ学習のひとつの形だ。

イノベイティブ学習では、現状を把握するだけでなく、未来の状況を見通すことも求められる。

アメリカが何十年もいびつな外交政策を採用してきたのは、政策担当者たちが共産主義を十把ひとからげにしてきたからだ。これはメンテナンス学習の典型的な弊害である。現実にはソ連が健在だったころから、共産主義にもさまざまな形があった。しかし、政策担当者たちは共産主義の政治面だけに注目し、社会面や経済面を無視した。

それに対して、イノベイティブ学習は共産主義の社会面や経済面にも目を向けるため、同じ共産主義社会といっても、キューバや中国はソ連とは異なることがわかる。

イノベイティブ学習は、ビジョンの実現にも役立つ。法律家のシャーリー・ハフステッドラーは、先を見通すことについて次のように語っている。

「何をすべきか、何をしたいのか、どこへ行きたいのか――こういったことはなるべく具体的な言葉で表現すべきです。（中略）これは、旅の計画を立てるようなもので、まずは目的地を決め、移動の手段を考えます。誰も行ったことのない場所なら、地図は自分でつくらなければなりません。同行者の数も余裕をもって見ておく必要があるでしょう。荷物の量、つまり、どのくらい身軽に旅をできるかも考えておく必要があります。要するに、過去、未来、組織――このすべてを理解していなければならないのです。組織を理解するというのは、集団の性質や潜在能力を把握するということです」

ほとんどの企業や学校は、メンテナンス学習を採用している。この学習の目標は現状を維持し、人々を立派な兵士に育ててあげることだ。これは上からの一方通行の会話であり、階層的で、排他的で、融通がきかない。学習構造そのものが固定的なので、そこから得られる知識も固定的なものとならざるをえない。メンテナンス学習は、現状に自分をあわせることを人々に求める。

ショック学習は、人々が従順な僕《しもべ》となることを求める。個人は無力な存在であり、権威や階層組織に庇護してもらわなければ、不測の事態に対処することも、未来にそなえることもできないと教えこむ。

この二つの学習方法に対して、イノベイティブ学習は自主性を重んじる。現状を把握し、その中で前向きに行動することを促す。イノベイティブ学習は、好奇心から始まり、知識に助けられながら、やがて理解にいたる対話だ。包括的で、自由で、終わることのない、学ぶよろこびにあふれたダイナミックな学習。イノベイティブ学習は、人間に現状を変える力を与えてくれる。

人間には本来、過去を乗り越え、不本意な役割や態度から自分を解き放つ力がそなわっている。過去を分析し、理解することができれば、過去にとらわれることなく前へ進むことができる。自分の価値を必死にアピールしなくても、自分をのびのびと表現できるようになるのだ。

イノベイティブ学習を実践すれば、敷かれたレールの上を歩くのではなく、自分らしい人生を主体的に歩めるようになる。現状を黙って受け入れるのではなく、理想の未来を描けるようになる。つまり、変化を起こす側に立てるのだ。人間は人生のつくり手であって、結果ではない。これは何度も実証されてきた事実だ。

一九六〇年代初頭、ビクター・ゲーツェルとミルドレッド・ゲーツェルは、数百人の成功した男女の共通点を探る調査に着手し、その結果を『Cradles of Eminence（勝者のゆりかご）』という本にまとめた。対象者は作家から俳優、政治家、ビジネスマンまで多岐にわたった。

この調査からは、興味深い事実が次々と明らかになった。たとえば、成功者のほとんどは小さな町や村の出身だった。ほぼすべての家庭が教育に熱心で、「物質的な豊かさと強い目標志向」をそなえているケースも多かった。親の半数は議論の分かれる問題に自分なりの意見を持っていた。半数近くの父親は「経営者もしくは従業員として人生の浮沈を経験」したことがあり、母親の四人にひとりは「支配的な母親」だった。

また、貧しい家庭で育った者より、裕福な家庭で育った者のほうがはるかに多かった。成功者の四人にひとりはなんらかの身体的な障害を持っていたが、家族の中に「入院を必要とするような精神疾患を持つ者はほとんどいなかった」。子ども時代はものを教わることが好きで、もっとも嫌悪された学校は「中学校」、もっとも好まれた学校は「名門大学」だった。

調査対象者のじつに四分の三が「学校や教師に不満があったと回答したが、五分の四は子どものころからすでに非凡な才能を示していた」。しかも、同じく四分の三は子ども時代になんらかの問題を経験している。たとえば貧困、家庭の崩壊、頑固な親、経済的な浮沈、身体の障害、学業成績や就職先をめぐる親との確執などだ。

先ほど、人間は過去を分析し、克服しなければならないと述べたが、『勝者のゆりかご』に引用されているT・H・ハクスリーの言葉はその核心をついている。「子どもの目で真実に向きあうのだ。先入観を排し、どこへでも、どんな深みにもみちびかれるままについていく。そうしなければ何も学ぶことはできない」

子ども時代を変えることはできない。できることがあるとすれば、理解することだけだ。しかし、これからの人生についてはなんでもできる。ジョン・ガードナーがいったように、「複雑な才能は、意欲、人格、チャンスが絶妙なバランスで組みあわさったときに初めて大輪の花をさかせる。私たちの才能の大半は開発されるのを待っている」のだ。

残念なことに、大学は必ずしも学ぶための最高の場所とはいえない。たいていの大学は高等教育機関というより、高級職業学校という言葉のほうが似あう。こうした大学が生みだすのは視野の狭い専門家だ。彼らは金もうけの才能にはめぐまれていても、人間としては何かが欠けている。「どうするべきか」は教わっていても、「どうあるべきか」を教わっていない。彼らは哲学や歴史や文学——つまり、全人類の経験を学ぶ代わりに、特定の分野の技術を学んでいる。しかし、その人自身が根元的な問題に取り組んでいないなら、技術がどんな問題を解決できるというのだろうか？

元ディズニー幹部で教育者のマーティン・キャプランは、次のように語る。

「子どもは親に本質的な質問を浴びせるものです。ボクはどこから来たの？　おじいちゃんはなぜ死んだの？　死んだらどこへ行くの？　神様って誰？　とね。子どもはこういう問題をスポンジのように吸収します。しかし、大学生が真夜中に語りあっているものも、同じような問題ではないでしょうか。

自分は人生で何をなすべきか。自分は何者なのか。これはリベラルアーツ（一般教養）が奨励しているテーマです。深淵と向きあうということですね。深淵と向きあうというのは、いわゆる西欧的な価値観の根幹をなすものではないでしょうか。この『深淵』を生物学的な『死』ととらえる人もいれば、『無』ととらえる人もいます。いずれにしても、こうした感覚は子ども時代に芽ばえるのだと思います。この芽はすくすくと伸びていくこともあれば、押さえつけられることもありますが、けっしてなくなることはありません。死ぬまでずっとね」

また、詩人のリチャード・ウィルバーは、こううたっている。「けれども儀式では隠しおおせない／すべてを受け入れる愚かな目を除いては／我らは我ら自身が迷いこむ森であることを」。

我々は内なる森を自由にさまよい、その経験を通して自分自身と世界を理解するようになる。

一九八〇年代半ばに、アメリカの文化的無知を描いた本がベストセラーになった。ひとつはアラン・ブルームの『アメリカン・マインドの終焉』（みすず書房）、もうひとつはE・D・ハーシュJrの『教養が、国をつくる。——アメリカ建て直し教育論』（TBSブリタニカ）だ。全国の高校二年生七八〇〇人を対象に歴史と文学の試験を実施したところ、ブルームとハーシュの主張は正しいことが証明された。この試験結果をまとめた報告書『What Do Our 17-Year-Olds Know?（アメリカの一七歳は何を知っているか）』（ダイアン・ラヴィッチ、チェスター・E・フィンJr）によれば、テストの平均点は、一九五〇年代なら「F」（落第）に相当するものだった。報告書は次のように述べている。

アメリカの学校が効率を何よりも優先するようになったことを如実に示しているのが、SAT（大学進学適性試験）の広がりだろう。アメリカの教育現場を席巻しているこの試験は、言語能力に重点を置き、本質的な知識の評価を巧みに避けている。（中略）SATにとっては受験者が南北戦争を勉強していようが、大憲章（マグナ・カルタ）を学んでいようが、『マクベス』を読んでいようが、どうでもいいことなのだ。

現在の学校が教えているものは、これまで「教育」と考えられてきたものからどんどん遠ざかり、社会に蔓延《まんえん》している利益第一主義に近づきつつある。カーネギー財団の調査によると、最近ではエンジニアリングやコンピュータ科学、医療など、収入に直結しそうな分野を専門に選ぶ学生が増えているという。

しかし、米国人文学基金（NEH）の元理事長で、ディック・チェイニー副大統領夫人でもあるリン・チェイニーが、「ニューズウィーク」に寄せた文章によれば、「アメリカの成功者の多くはリベラルアーツの教育を受けている」という。そこにはレーガン元大統領と彼の閣僚の大部分、CEOの三八パーセント、IBMの最高幹部一三名のうちの九名がふくまれる。チェイニーはさらにAT&Tによる調査結果を引用し、エンジニアよりも社会科学や人文科学の学位を持つ人のほうが中間管理職に昇進するスピードは速く、「役員になるまでの期間も、経営学やエンジニアリングの学位を持つ人々にひけをとらない」と述べている。

チェイニーの文章は次のような言葉でしめくくられている。「自分の心が求めるところに従って専攻科目を選んだ学生は、自分の好きな仕事につくことが多い。彼らは仕事に没頭し、努力を惜しまない。これは偉業を達成するためには欠かせない態度だ。また、こうした人々は人間が幸せになるための大きな条件である『生きがい』を見つけることができる」

GMの元会長兼CEOのロジャー・スミスも、チェイニーと同意見だ。著書『Educating managers（マネジャーを育てる）』の中で、彼は次のように語っている。

経営はビジョンを持つことから始まる。ビジョンを持つこと――この資質が今ほど求められたことはない。（中略）今日では企業の競争力はもちろん、ときには組織の存続そのものがマネジャーの能力にかかっている。それは新しいこと（そして新しいやり方）を想像する能力であり、過去の事例をもとに未来を予測する能力であり、事業を整理・再編する能力であり、（中略）変化の方向性や考えられる障害を思い描く能力だ。（中略）
学生時代に芸術や文学や哲学や歴史を学び、その中から共通するパターンやテーマを見つけだす方法を学んだ人は、ビジネスの問題に直面したときも、想像力を使って先見の明のある解決策をみちびきだす。（中略）リベラルアーツを学んだ人は、多くの組織が目指している硬軟のバランスのとれた、企業家精神にあふれた組織を理解し、その一員となって組織の成功に貢献することができる。（中略）
リベラルアーツを学ぶことは、あいまいさを受け入れ、混沌から秩序を引きだす方法を学ぶことだ。もっとも優先されるのは知的な誠実さであり、論証のプロセスは、そこからみちびかれる結論と同じくらい重視される。（中略）
リベラルアーツを学んだ人は、わき道にそれてものを考えたり、学際的に考えたりする習慣を持っている。それは彼らが文学、社会制度、化学作用、言語といったものをさまざまな側面からとらえる方法を学んできたからだ。（中略）
成功する人は例外なくコミュニケーション能力と他者に対する感受性をそなえている。（中略）どんな営みも、ある集団から別の集団に意味を正確に伝えられるかどうかが、成否を分けるポイントになるのだ。
一九八四年、一二の大企業の代表者が集まって「リベラルアーツに関する企業協議会」を設立した。CBSはアメリカ芸術科学アカデミーの協力を得て、この団体に七五万ドルを寄付した。同社の元社長で、協議会の会長でもあったフランク・スタントンによれば、協議会の目的は「リベラルアーツ（すなわち洞察力、認識力、批評眼、想像力の育成）に対する意識を高め、リベラルアーツ教育と企業社会のリーダーシップの関係を理解すること」だという。

両者が強固な関係で結ばれていることは間違いない。しかし、経営学やコンピュータサイエンスを専攻した人はリーダーになれないといっているわけではない。本を読み、理解に努めれば、学校で学べなかった知識はいつでも補うことができる。年齢や状況は関係ない。それが人生のすばらしいところだ。

† 不足を補う

作家のレイ・ブラッドベリが管理職向けのセミナーで語ったところによれば、創造性は次のような方法で養うことができる。

それでは、みなさんにお尋ねします。最後に図書館に駆けこみ、読みきれないほどの本を抱えて帰ったのはいつのことでしたか？　あなたの腕の中で本は焼きたてのパンのように湯気をあげ、早く食べてほしいと声をあげていたことでしょう。

さらにお尋ねします。みなさんが最後に本を開き、ページに顔をうずめ、紙の匂いを胸いっぱいに吸いこんだのはいつのことでしたか。かぐわしいかな！　それはパンがオーブンで焼きあげられるときの匂いだったことでしょう。

宝の山のような古書店を見つけ、何時間も棚の間をひとり歩いたのはいつのことでしたか？　買うべき本のリストも優先順位もなく、ただひたすら本の森をさまよい、ほこりを吸いこみながら、鳥の羽根をむしるように書棚から本を引っぱりだし、内臓をむさぼるように読みふける。心をとらえるものがなければ書棚に戻し、心を奪われたときは家へ持ち帰る。

時間を忘れるとき、そのときこそ、私たちは自分のルーツを見つけだすのです。


もっとあらたまった方法で学びたいなら、多くの専門学校、大学、短期大学などが提供している文学や哲学や歴史のクラスを受けてみるとよいだろう。

私も何年か前に二人の子どもたちとケンブリッジを訪れ、一緒に授業を受けたことがある。私はチャールズ・ディケンズとヴィクトリア朝期のイギリスに関するクラスを選んだ。娘のケイトはシェイクスピアの喜劇を学び、息子のウィルはダーウィンと現代科学に関するクラスをとった。私たちはトリニティ・カレッジにあるトリニティ・ホールの同じ階で寝泊まりし、本の山に埋もれながら、その日に学んだことをわくわくしながら報告しあった。すばらしい三週間だった。


アメリカン大学で憲法学の教授を務めるジェイミー・ラスキンは、ボストン市の検事総長補だった時代に、「野心は人間の知的成長を妨げる危険がある」と警告した。

「『野心は思考の死である』とウィトゲンシュタインはいいました。私自身もそうですが、私の友人にも野心を持っている人はたくさんいます。しかし、彼らは野心を暴走させるような破壊的で危険な考えはしっかりと抑えています。

知的に生きるというのは多様性を認識することです。ところが、大きな組織というのは官民を問わず人間をひとつの型にはめこもうとする。それは個人に関することかもしれませんし、政治信条やイデオロギーに関するものかもしれません。でも「別のやり方もある」ことに気づけば、こうした罠から逃れることができます。

自分の中の知性を野心から守る唯一の方法は、失うことを恐れないことではないでしょうか。いいかえれば、それは世間が間違っている、狂っているというようなことや、組織がまだ受け入れられないようなことを勇気を出して主張することです。（中略）

具体的なアドバイスがほしいという人には、速読術を学ぶことをおすすめします。本を読む時間がないという人がいますが、私にいわせれば『迷ったときこそ本を読め』です。私は二時間もあれば一冊読んでしまいます」

CBSの役員を務めるバーバラ・コーディは、教育について次のように語っている。

「若手の幹部と話すときは、MBAのことは忘れなさいといっています。若いリーダーは資格にこだわる傾向が強いんです。彼らはこの一五〇年間に登場したアメリカのリーダーのほとんどがMBAもPHD（博士号）も持っていなかったことを忘れています。

私自身も高卒ですが、それを特別誇りに思うわけでも、恥ずかしいと思うわけでもありません。この業界では仕事と学歴が完璧に一致することはまれです。しいていうなら、リベラルアーツがもっともふさわしいといえるかもしれません。リベラルアーツの知識なら私にもあると思います。学位があるわけではないのですが……。（中略）

この五年間に多くの若者と仕事をしてきましたが、彼らはいろんな学位は持っているけれど、エンターテインメントの仕事に必要な個性に欠けていました。たとえばショーマンシップ、情熱、子どものような性質などです。そのような若者を見ると悲しくなります。（中略）芝居や読書、古典が好きな人、頭がやわらかく経験を楽しめる人――この業界で成功するのはそういう人です。財務のＭＢＡを持っている人ではありません」

イギリスの思想的指導者と目されるチャールズ・ハンディによれば、彼がスローン経営大学院で学んだ最大の教訓は、「学校に行く必要はない」ということだった。

しかし、ＭＢＡの勉強をしていた時期に多くを学んだ人もいる。ジョンソン＆ジョンソンの元ＣＥＯ、ジェームズ・Ｅ・バークもそのひとりだ。

「（ハーバード・ビジネススクールに）入学したとき、私の頭は家庭や教会で植えつけられた価値観でこりかたまっていました。まだ若かった私は、そんな自分がビジネスマンとして成功できるのか不安でした。あのころは本当に苦しかったですね。（中略）どうしたわけか、ビジネスというのは不道徳とはいわないまでも、きわどいことをしなければ成功できない場所だと思いこんでいたのです。同じように考えている人は多いんじゃないでしょうか。

でも、ビジネススクールは、そうした思いこみから私を解き放ってくれました。学校で教わったことのすべてが、それは真実でないと物語っていました。成功するために必要なのものは誠実さだったのです」

大手プリンタメーカーのヴァーサテクの創設者で、ゼロックスの幹部でもあったレン・ザフィロプロスの教育は、家庭で始まった。

「私はエジプトで育ちました。両親はギリシャ人で、船長だった父はスエズ運河を航海していました。大学の学位こそ持っていませんでしたが、父は世界中を訪れた経験があり、大変な読書家でした。よく『この家がおまえの大学だ』といっていました。詩人でね。日曜日は教会へ行く代わりに、家族でクラシック音楽に耳をかたむけたものです。何かをするときは他の人がそうしたからではなく、自分がいいと思ったときだけにしなさい――そういっていました。

私自身は学校の成績はよいほうでしたが、全科目でAをとるタイプではありませんでした。全Aの生徒は、そこから先に行けないように思います。私には学校の勉強以外にもしたいことがたくさんありました。絵を学んだり、作曲をしたり、木工に挑戦したり、詩を書いたり……マーケティングやセールス、エンジニアリングなどを学ぶのはそれほどむずかしいことではありません。自分や部下がもっとも効率よく仕事をするためにはどうすればいいのか？　その方法を学ぶほうがずっとむずかしい。よい管理者、よい指導者になるためには、人間の行動の基本原則を理解する必要があります」

ジョン・スカリーは、ジェームズ・バークと同じように正式教育の価値を信じ、MBAを取得した。よく知られているように、彼はペプシコの社長としてたぐいまれな経営手腕を発揮していたが、突然アップルに移籍した。アップルの共同創設者であるスティーブ・ジョブズから、「君は一生、砂糖水を売りつづけるのか。世界を変えるチャンスをつかみたくはないのか」と迫られたからだ。

スカリーはアップルのCEOだった時代に、教育とビジネスが密接につながっていることは間違いないといった。「私が引きつけられるのは夢を追っている人たちです。家を選ぶときはすぐれた大学の近くと決めています。大学の図書館や研究室にすぐ足を運べますからね。新しい産業は大きな大学都市の周辺で発達する傾向があります。要するに、未来のリーダーはこれまでとはまったく違う環境から生まれるのです。これはハイテク業界に限った話ではありません。問題は、何人の科学者が我々のコンピュータを使ってくれるかではなく、何人のアーティストが我々のコンピュータを使ってくれるかなのです」

ドン・リッチーの次の言葉は、ことの本質をついている。「教育は考える技術を養ってくれます。教育の助けがなければ、ほとんどの人は考える技術を身につけられないでしょう。人文科学が実務教育よりすぐれているかどうかはわかりませんが、大学はものを考え、問題を分析し、ものごとの全体像をとらえ、ばらばらのものをつなぎあわせる方法を教えてくれます。現場での経験と、それにふさわしい教育の両方を持っている人――そのような人こそ、最高の人材でしょう」

ロジャー・グールドは、ヘブライ学校に通っていたころ、教師からこういわれたという。「宝石や自動車や毛皮や家は奪うことができるが、学んだものを奪うことはできない」。グールド自身は次のように述べる。「学ぶ能力は誰にでもあります。でも、人間は新しい知識に抵抗し、さまざまなやり方で自分を守ろうとするものです。この本能は非常に強く、人間に大きな影響力をおよぼしています」。もっとも、自分にはそのような防衛本能はないとグールドはいう。「何かを読んだときは、その知識を吸収し、粉々に切り刻んで、いろんな場所で活用します。すべてを活用し終えたころには、最初に取り入れた知識はもはや原型をとどめていません」

これが学ぶということだ。学習は積極的で、情熱的で、個人的な行為である。取り入れた知識は自分の「臼」でひかなければならない——自分自身のものにしなければならないのだ。

最後に、フランシス・ヘッセルバインの言葉を引用しよう。「私が心から信じているものがあるとすれば、それは学ぶよろこびであり、日々学ぶことです」

† 自分の枠を広げる

旅もひとつの学習だ。旅に関する表現はどれも的を射ている。「旅は人間の幅を広げる」「旅は啓示を与える」「旅はものの見方を一瞬で変える」。なぜなら、旅先ではいつもとちがう行動が求められるからだ。

国が変われば、ものごとのやり方も変わる。旅先で出会う人たちは母国の人よりのんびりしているかもしれないし、せっかちかもしれない。控えめかもしれないし、怒りっぽいかもしれない。風習も違う。パリでは八月になると多くの店が閉まる。スペインでは長い昼食のあとにシエスタ（昼寝）があり、夕食は夜もふけてから始まる。

旅先では突然、言葉が壁になる。なんでもないやりとりがにわかに複雑なものになる。ある友人はロンドンからパリへ移動したとき、ポンドからフランに頭を切りかえるのに四苦八苦したという。「まる一日、英語もフランス語も話せなくなってしまったんです。タバコ屋に行って『ケント』を一四箱くださいといったら、店の主人から変人を見るような目で見られました。一四箱なんて半端な数を注文する人はまずいない。本当は四箱くださいというつもりだったんです」

旅が自分の枠をどれくらい広げてくれるかは、新しい経験にどれだけ身をゆだねられるかにかかっている。パリに行ってもマクドナルドで食事をする人より、異文化にどっぷりつかる人のほうが多くを学べるだろう。

しかし、新しい文化に浸ることと「現地人のようにふるまう」ことは違う。ベレー帽をかぶってドゥ・マゴでお茶を飲んだからといって重要なことを学べるわけではない。自分と自分のルーツに対する視点を失えば、異文化を表面的にまねるだけで終わってしまう。よそものの感覚は持ちつづける必要があるのだ。

「別の角度からながめると、世界は鮮明に見えてくる」とヘンリー・ソローは書いた。外国に行くと、あらゆるものをいつもとは違う角度からながめるようになる。経済学者のソースティン・ヴェブレンは、「多くのユダヤ人が鋭い知性を持つようになったのは、彼らが流浪の民だからだ」と考えた。異邦人は現地人とは違う視点からものごとをながめる。

旅先では、自分の能力を総動員することを求められるだけでなく、環境が変わるため、自分でも知らなかったような強さや弱さが浮き彫りになる。アメリカの建国の父の中でも、とくに高い教養の持ち主といわれるトマス・ジェファーソンとベンジャミン・フランクリンは、どちらも根っからの旅人で、ヨーロッパに長く滞在した経験を持つ。故国から遠く離れるほど、旅はさらに多くを教えてくれる。

アルフレッド・ゴットシャルクは、この「アウトサイダーのレッスン」を幼いうちに学んだ。「亡命者としてアメリカにやってきた私には、アイデンティティがありませんでした。あったとすればマイナスのアイデンティティだけです。私はユダヤ人で、ドイツ人でした。奇妙な服を着て、英語はろくに話せず、しかも貧しかった。でもブルックリンボーイズ高校を卒業するころにはテストの平均点は九二点。フットボールの選手でもありました。私は若くして自立したのです」

リーダーには旅と縁のある人が多いが、仕事以外の人生を楽しんでいる人も多い。休みの日には絵を描き、詩作に励む。中には玄人はだしの料理をつくる人もいる。また、じっくりと考える時間を必ず確保している。

神話学の世界的権威だったジョセフ・キャンベルは、死の直前のインタビューで、ジャーナリストのビル・モイヤーズにこう語っている。「自分だけの部屋を持つか、それがむずかしいなら一日に一時間でもひとりで考える時間を持ちましょう。その間は、朝刊で読んだことも、友人のことも、世話になった人のことも、世話をした人たちのことも、すべて頭の中から追い出します。そして自分自身に注意を向け、自分の可能性に思いをめぐらせるのです。創造性はこのような空間で育まれます。しばらくは何も起こらないかもしれませんが、いずれ何かが起きるでしょう」

静かに考えることを日課にしてもいいし、長期休暇をとってもいいだろう。いずれにしても、自分の魂や想像力に触れる機会をつくることで、経験を吟味し、そこから学び、新しい活力を得て生まれ変わることができる。

†友人と師を持つ

人生には定期的な休息が欠かせないが、それと同じくらい大切なのが他者との深いかかわりだ。我々は師を、友人を、そして同じ志を持つ仲間を必要としている。

私の知るかぎり、どの時代にも、ひとりの師も持たなかったリーダーはいない。よき師とは、本人も気づいていないような資質を生徒の中に見出す教師であり、両親やきょうだい、あるいはあるべき姿（ときにはあるべきでない姿）を示してくれる先輩社員、そして自分の可能性を広げてくれる上司である。

ジェイミー・ラスキンは、触発された人は誰かと尋ねられて次のように答えている。

「知人であれ、歴史上の人物であれ、私がもっとも尊敬するのはなんの関係もないように見えるものをつなぎあわせて考えることのできる人です。とくにあこがれていたのはマーティン・ルーサー・キング。子どものころに彼の著作を読み、とても大きな影響を受けました。彼は、すべての生命はつながっていて、すべての人間はひとつの大きな流れの中にあり、同胞を傷つけることは自分を傷つけることに等しいといいました。

リーダーシップというのは、人類はもちろん、社会のあらゆる部分はつながっていて、すべては同じ方向に進んでいるのだと見抜くことだと思います。この資質をそなえていた父は、すべての人間はつながっていて、誰もがきょうだいであることを知っていました。（中略）私は父から考える力を、母からものを書く力を学んだと思っています」

飛行士のブルック・ナップは次のように語っている。「私に質や性能を見抜く力を与えてくれたのは、一族の長ともいうべき存在だった祖母です。カレッジを卒業するよう私を諭してくれたのも彼女でした」

カレッジの学長だったアルフレッド・ゴットシャルクも、多くの人やものから学んだ。

「料理と裁縫と掃除は母から学びました。夏にはキャッツキルでウェイターのアルバイトをしました。一六歳のときに父が他界したので、若いうちから勇気を身につけなければなりませんでした。（中略）私の師は父、母、ラビ（先生）、それからフットボールのコーチでしょうか。私が所属していたフットボール・チームには、アイルランド人、黒人、イタリア人、ポーランド人の選手がいましたが、全員が私の家族でした。ある意味では、このチームが私をアメリカ人にしてくれたといえるかもしれません。あきらめないことを教えてくれたのもこのチームでした」

ロジャー・グールドは、大学時代に師と出会った。

「私にはいとこが四〇人いましたが、大学に進んだのは私だけです。いとこの家はみな裕福でしたが教育には無頓着でした。重要なのは策略や渡世術であって、学校教育には意味がないと思っていたのでしょう。ですから、私はなんの予備知識もないまま大学の門をくぐりました。（中略）先入観も制約も制限もありませんでした。古典には大きな影響を受けました。古典を読むことで別の人生が開けたというか、自分だけの地下室のような場所ができたんです。

最初の一学期は、目の前に巨大なキャンディストアが出現したようなものでした。あらゆるアイディアが山盛りにならんでいて、私の手がふれるのを待っていました。すぐに哲学の教授が私の知的生活における父親になりました。私は哲学者になろうと決め、その瞬間からあらゆるものが勉強の対象になりました」

カルフェドのCEOだったロバート・ドクスンは、師やモデルをもっぱら書物の中に見出した。「私の師は直接の知人というより、本の中に出てきた人々です。たとえば探検家のリチャード・バード。彼には大いに啓発されました。他人をうらやましいと思うことはありません。誰かのまねをしようとしたこともありません——あるとすれば、ゴルフのときくらいですね」

友人に触発され、励まされる人も多いだろう。友人が与えてくれるものはそれだけではない。アン・ブライアントは、アメリカ大学女性協会（AAUW）の代表を務めていたころ、こう語ってくれた。「友人はとても重要です。彼らは真実を語ってくれる。だからこそ多くを学ぶことができるのです」

バーバラ・コーディの場合は、仕事のパートナーが親友でもあった。コーディは語る。「バーバラ・アヴェドンと私は強力なパートナーでした。娘にはよく『お母さんたちの仕事は笑うことね』といわれました。八年だか九年の間、私たちは仕事をともにしただけでなく、親友でもありました。子育ても一緒、休暇も一緒、まさに家族ぐるみのつきあいでした。おりしも世間では女性運動が始まったころで、この時期を共有したのは興味深いことだと思います。私たちは、離婚したときも再婚したときも、子育てに奮闘していたときも一緒でした。本当に特別な日々だった。すばらしい思い出です」

この二人から生まれたのが、人気テレビ・シリーズ『女刑事キャグニー&レイシー』だった。主人公は、親友同士で仕事でもチームを組んでいる二人の女刑事。作品としての評価も高く、長寿番組となったこのシリーズは、女性のコンビを主人公にすえてヒットした初の番組だっただけでなく、主人公の私生活にも焦点をあてた最初の刑事ドラマだった。

ジョン・スカリーは、アップル時代にインスピレーションと友情の源を得た。相手はコンピュータ時代の博識のグル、アラン・ケイだ。「私にとって、アラン・ケイはいわば精神的なリーダーでした」とスカリーはいう。「彼は雰囲気も服装もリーダー然としていません。しかし、アイディアの力を信じる者にとって、ケイは汲めどもつきぬアイディアの泉です。彼はすばらしく創造的で、学問の垣根をらくらくと超え、知の平原を自由に飛びまわることができるのです」。スカリーがアーサー王だとすれば、天才ケイは、さしずめ若き日のアーサー王の教育係だった魔法使いマーリンだ。

ときには、個人ではなく集団が、人を支え、励ますこともある。学生時代の仲間、戦友、同僚などがよい例だ。集団はまた、歴史の一ページをつくることもある。F・D・ルーズベルトのブレーントラスト、アイゼンハワーの参謀幕僚、ジョン・F・ケネディのアイルランド系マフィア、ブルームズベリー・グループの作家、そしてバウハウスのデザイナーなどがこれにあたる。

ジョンソン&ジョンソンの元CEOジェームズ・バークも、非凡な仲間にめぐまれた。いずれもビジネスで大成功を収めている人ばかりだ。「私には世界各地に六人の親友がいますが、全員がハーバード・ビジネススクール時代の仲間です。私たちが親しくなったのは価値観が似ていたからでしょう。全員が仕事に燃えていて、チャンスをつかみ、人生で何かをなしとげたいと強く願っていました。（中略）私たちはとても強いきずなで結ばれています。実際、同じ価値観を共有していますから、世界観も似ているんです。でも一番重要なのは、一緒にいて心から楽しいと思えることではないでしょうか」

† 逆境に学ぶ

学ぶこと、旅すること、仲間、仕事、遊び、そして経験を吟味すること――こういったものは知識と理解をもたらすだけでなく、奇妙なことに間違いも引き起こす。

喜劇俳優ジョン・クリーズは、モンティ・パイソンのメンバーとして有名だが、企業研修ビデオの脚本家・製作者としても知られた存在だ。クリーズはいう。「いうまでもありませんが、間違ったことをいったり、したりする危険をおかせないような場所では、創造性は発揮できません。（中略）創造性の本質というのは、特別な才能を持っていることではない。遊ぶ能力のほうがはるかに大切なんです」

クリーズは続ける。「間違いを許さない組織では、生産性を低下させる二つの行動が生じます。まず、こうした組織では間違いは『悪』と見なされているので、上層部の人間が間違いをおかしたときは、第三者からの指摘は無視されるか、意図的に解釈され、間違いは『なかった』ことになります。そのため、いつまでたっても間違いは修正されません。そしてもうひとつ、現場の人間の間違いは隠蔽されます」

私が話を聞いたリーダーたちは、間違いを「悪」とは考えない。反対に、間違いを必要なものと見なし、成長や進歩と同じくらい重視している。

ラッキーストアの元幹部ドン・リッチーは、次のように語る。「どんなに分析が得意でも、確信がないうちに決定を下さなければならないことがあります。時間や人手が足りなくて、判断材料をそろえられないこともあります。八〇ないし八五パーセントの情報がそろった段階で最善の手を打ち、先に進まなければならないのです。でもそうすることで、ときに見こみがはずれることはあっても、タイミングを逃すことなく、成功に必要な勢いを生みだすことができます」

リーダーは、失敗を必ずしも間違いとは考えない。バーバラ・コーディはこういう。

「個人的に気に入っている作品は『アメリカン・ドリーム』です。この番組には見どころがたくさんありました。脚本も俳優の演技もよく、すばらしい仕上がりでした。製作もみごとで、批評家からも高い評価を得ることができました。

ところが、どういうわけか視聴者には受け入れられず、五話か六話を放送したところで打ち切り。要するに、番組としては失敗作だったわけです。でも私自身はこれを失敗とは考えていません。間違いでもありませんでした。

間違いと失敗は別のものですが、私はどちらも深刻に考えないようにしています。真摯《しんし》な気持ちで、自分が最善だと思うことをしたなら、間違えたってかまわないんです。

私は間違えることを恐れていません。間違いをおかしたら堂々とこういうでしょう。『しまった、間違った。よし、今度は別の方法をためしてみよう』って。このような態度が人々の信頼を勝ちとるのではないでしょうか。もちろん、人を味方につけるためにわざと間違えるようなことはしません。でも、間違ったときはその事実を認めます。ときには、『私のアイディアより、あなたのアイディアのほうがよさそうだからそっちをやってみよう』ということもあるでしょう。私はあとでとやかくいうタイプではありません。担当者には全面的に仕事を任せます」

ジェームズ・バークは、ジョンソン&ジョンソン時代、社員に間違えることを奨励すらしたという。

「リスクをとることを後押しするような雰囲気をつくることが一番重要だと思ったんです。（中略）社員が自分のしたいことを主体的にできるようになったら、どんな目標も達成できるのではないか――私はこの前提からスタートしました。誰もがなんでもできると考えたのは少々甘かったかもしれませんが、うまくいったプロジェクトの多くは、この前提を満たしていたように思います。成長はリスクをとることでもたらされる、あるいはリスクをとらなければ成長はできないと考えるなら、部下が自分で決定を下し、間違いをおかすことができるようにすることが、組織を成長させるリーダーの条件なのではないでしょうか」

彼は、自分が間違いをおかしたときのことも教えてくれた。

「私が開発を担当した新製品が大失敗に終わったことがありましてね。ジョンソン社長に呼びだされたので、これは間違いなくクビだろうと思いました。少し遅刻して行くと、ちょうど秘書が呼びに来たところでした。社長はいつもどおり、早めに来ていました。社長室までの道のりを今

でも覚えています。（中略）

社長はこういいました。『君は一〇〇万ドルを超える損失を出したんだったな』。正確な額は覚えていませんが、当時にしては大変な額でした。『はい、社長。そのとおりです』と私は答えました。すると、社長は立ち上がって私に手をさしのべてきたのです。そしてこういいました。『君におめでとうをいいたい。ビジネスというのは決断を下すことだ。決断を下さなければ失敗をおかすこともない。私の一番むずかしい仕事は、部下に決断してもらうことだ。君が同じ問題でまた間違った決断を下したら、そのときは解雇する。しかし、それ以外の失敗ならたくさんしてほしい。そして、成功より失敗のほうが多いことをわかってもらいたい』」

シドニー・ポラックも、次のように語っている。

「経験の浅い俳優と仕事をするときは、間違えることなどありえないといい聞かせるようにしています。間違えるのは、間違えまいとしているときだけです。間違えてはならないと思うと緊張し、緊張すると身体がこわばってしまう。（中略）

自分の直感的衝動を信じるのはとても勇気がいることです。人間はちょっとしたことをするにも、できれば印象的に、悪くても無難にこなしたい。ばかばかしいとは絶対に思われたくないと考えるものです。自分の行動に保険をかけるために、いかに多くの時間が費やされていることでしょう。でも、本当にいい俳優は自分自身を笑いとばすことができる。そうでなければ、自分らしい仕事は絶対にできないのです」

自分の直感的衝動を信じれば、間違いをおかすことはあっても必ず成長する。ときには衝動を信じたことで才能が開花することもある。この種の衝動――天与の衝動――については、次の章でとりあげる。

現在は全米退職者協会（AARP）の上級顧問を務めるホレス・B・ディーツも、寛容な文化の必要性を熱心に説いてきたひとりだ。AARPの理事だったころ、彼はこう述べている。「反対意見も率直に口にできるような雰囲気をつくりたい。意見の相違を歓迎し、ミスを容認することはとても大切です」

シャーリー・ハフステッドラーの言葉も紹介しよう。「失敗したことがないなら、それは十分に取り組んでいない証拠だ」。この言葉は、ことの本質をとらえている。

世界は学びの宝庫だ。自分の能力を総動員すれば、我々はそのほとんどを習得できる。経験は、考え、分析し、検討し、問いかけ、吟味し、理解することによって初めて自分のものになる。くりかえすが、重要なのは経験に使われることではなく、使いこなすことだ。結果ではなく、原因になることだ。そうすれば、経験は我々をしばる代わりに力を与えてくれるだろう。

画期的なラーニングセンターを生みだした企業家のラリー・ウィルソンは、自分を「ゲームチェンジャー」と呼ぶ。彼の転機は子ども時代に訪れた。

「リスクについて学んだのは七歳のときです。当時はミネアポリスからリトルロックに越してきたばかりで、クラスで一番のチビでした。女の子よりも小柄で、へたをすると教室の机のほうが大きかったかもしれません。さらに悪いことに足も遅くて、言葉は北部なまりでした。こうした条件が重なったのですから、昼休みは地獄でした。校庭では毎日南北戦争ごっこがくりひろげられ、私はいつも負けていました。本当につらかったですね。

ある日、教理の時間に神父がやってきました。そのとき何を思ったか、私はいきなり教室の一番前に躍り出て、クラスメートに『シスター・ラブズ・ファーザー』を合唱させようとしたんです。楽団のリーダーみたいにね。カトリック教徒でなければ、私がしたことの罪深さはわからないでしょう。でも一瞬のうちに、私はクラスの弱虫からヒーローに変身しました。（中略）クラスメートたちは口をポカンとあけ、椅子から立ち上がることもできませんでした。先生にはしこたま怒られましたが、その見返りは信じられないほど大きかった。私はこのとき、リスクはとる価値があると学んだのです」

こうして、ひとりの企業家が生まれた。この経験を別の形で吸収していたら、ウィルソンは優柔不断な人間というレッテルをはられていたかもしれない。あるいはスポットライトとは無縁の人生を歩んでいたかもしれない。

彼はこう続ける。「ほとんどの場合、企業家の最大の武器はビジョンです。少なくとも、私にとっては間違いなくそうでした。情熱をかたむけてビジョンを生みだすこと。魅力的なビジョンとリスク管理という希有な能力があわさったとき、企業家はふしぎな力で成功にみちびかれるのではないでしょうか。そのような人はリスクをイメージできているので、冒険的な事業にも果敢に挑むことができます。その人の意識はすでにリスクを越え、その事業がもたらす利益に向けられているからです」

以上、「経験から学ぶ」ことの意味をまとめると、次のようになる。

●子ども時代や思春期をふり返り、当時のできごとを使って現状に変化を起こす。そうすることで、人生の従僕ではなく主人になる。

●現在の経験の中から、自分を高めてくれる経験、自分の枠を広げてくれる経験を意識的に探しだす。

●失敗はなくてはならないものだと考え、リスクをとる。

●自分や世界の未来を、苦難や試練ではなく、まだやっていないこと、やる必要のあることに取り組むチャンスだと考える。

この「チャンス」をつかむためには、まず直感をはたらかせてチャンスを見つけださなければならない。それから、自分の中に湧きあがってくる「天与の衝動」に従う。次章では、「直感に従う」というテーマについて考えてみたい。

第五章

直感に従う

二つのことがはっきりしているように思われた。ひとつは、（ミシシッピ川の）水先人になるためには、ひとりの人間が知りうる以上のことを学ばなければならないということ。もうひとつは、その知識を二四時間ごとに別の方法で学びなおさなければならないということである。

――マーク・トウェイン『ミシシッピの生活』

いまだかつて人生が単純だったことはない。それどころか、複雑になる一方だ。それにもかかわらず、我々は人生を二言三言のうすっぺらい言葉でいいあらわそうと四苦八苦している。人生は単純だと主張する人々は、世界を機械的で、静的で、合理的な場所だと考えている。しかし、実際の世界は有機的で、動的で、あいまいで、すべてがからみあった場所だ。彼らはあらゆる関係を直線的で、逐次的で、分散的で、特異で、独立したものだと考えているが、実際の関係は並行的で、同時発生的で、連続的で、あいまいで、複合的で、相互に依存している。人生を単純なものだと考えたがる人々は、決定論と因果の法則を信奉しているが、実際には万事は可能性にすぎず、絶対に避けられないことなどめったに起こらない。

しかし、人生の複雑さに圧倒される必要はない。天文学者のカール・セーガンも『エデンの恐竜』（秀潤社）の中で次のように述べているではないか。

自然界の法則は、今よりもはるかに複雑なものになっていた可能性がある。しかしそうはならなかった。なぜか？　思うに、世界をきわめて複雑な場所と認識した生物は死に絶えてしまったからではないか。樹上生活をいとなんでいた我々の祖先のうち、軌道を計算しなければ木から木へ飛び移ることもできなかったような個体は、多くの子孫を残さなかった。

人間社会の法則は、自然界の法則より複雑で不確かだ。しかし、だからといってじっとしているわけにはいかない。人間は今も木から木へ飛び移っているが、かつて木だったものはアイディアにとって代わられ、アイディアとアイディアをつなぐものは腕ではなく神経細胞となった。
「単純さを求めよ。しかし単純さを疑え」。アルフレッド・ノース・ホワイトヘッドのこの言葉は、今も耳をかたむける価値がある。

「組織人間」を生みだしたのは、組織の機械的な思考だった。皮肉なことだが、現代の組織が抱えている問題の多くは、組織人間が生みだしたものだ。しかし、もし自分と他者の両方をつくりかえ、創造性と意志の力を最大限に発揮したなら、彼らは組織をよみがえらせることもできるだろう。

最近の研究により、脳の役割分担はかつて考えられていたほど厳密ではないことがわかった。それでも、アメリカの組織文化を「左脳的」と表現することは間違いではあるまい。左脳文化が象徴しているのは論理、分析、技術、統制、保守、管理といった特質だ。文化の産物である人間もまた、こうした特質に支配され、形づくられている。

しかし、現代のアメリカ文化が必要としているのは右脳的な特質だ。アメリカ文化はもっと直感的で、概念的で、統合的で、芸術的なものにならなければならない。

もちろん、これは人間にもあてはまる。私は本書を執筆するにあたって何人ものリーダーに話を聞いたが、職業を問わず、彼らは論理性や分析能力と同じくらい、自分の直感や発想力を信じていた。そのことに私は何度も感銘を受けた。彼らは右脳と左脳の両方を使うことのできる「全脳的な」人間だった。

企業では管理部門が左脳の役割を果たし、研究開発部門が右脳の役割を果たしているが、両者を統合するCEOには管理能力と想像力の両方が求められる。有能なマネジャーから卓越したリーダーに脱皮できた人がまれなのは、企業はもちろん社会全体に、左脳的な業績に評価と報酬を与え、右脳的な業績を軽んじる傾向があるからだろう。利益第一主義の台頭は現代の社会が左脳優位におちいっていることを示している。左脳が習慣をつくるとすれば、右脳は習慣を打ちこわす。

アン・ブライアントは、米国大学女性協会（AAUW）の常任理事だったころ、部下が創造的にものを考えられるよう「熱気球エクササイズ」という方法を用いていた。

「気球に乗って空高く飛んでいる自分を想像するんです。上空からはものごとの全体像が見えます。その状態で何が見えるか、誰が見えるか、その人たちは何をしているのか、他にどんなことをする可能性があるのかを検討します。たとえば、子どもの発達に関する研究に五〇万ドルを投入したらどうなるか。十代の妊娠という問題に対して何ができるか。そんなことを想像してみるのです」

組織は常にジレンマを抱え、左脳が生みだす習慣と右脳が生みだすビジョンの間で揺れ動いている。このことを、アメリカ赤十字のCEOだったリチャード・シューバートは正しく認識していた。「我々には、現在の体制を維持するだけでなく、変革することも求められています。この明白だけれども相反するニーズに、私はいつも引きさかれているのです」

フランシス・ヘッセルバインは、全米ガールスカウト連盟の専務理事だったころ、さまざまな社会変化に対応するために、組織を変革する必要に迫られていた。マイノリティの増加は、そのひとつだ。

「少女のニーズは変わりつつあります。新しいニーズに対応し、よりよいサービスを提供する方法を模索しているところです。たとえばイノベーションセンター。センターといっても箱ものではありません。これは人間であり、コンセプトです。各地のガールスカウトと連携し、多様なコミュニティと接触する方法、その中から潜在的なリーダーを見つけ、育てる方法を考える予定です。今後、民族固有のリーダーシップはますます重要になるでしょう」

ブライアント、シューバート、ヘッセルバインの三人は、全脳的アプローチで自らが率いる非営利組織を変革した。この三人がいずれも以前は民間企業で活躍し、中年期にキャリアを大きく転換したことは偶然の一致ではない。活動の舞台を非営利部門に移した三人は、今ほど仕事を楽しんでいるときはないと口をそろえる。「これまでに経験したどの仕事よりも刺激的で、やりがいがあります」というシューバートの言葉には、その想いが端的にあらわれている。

同じく民間から公共部門に転じた科学者のマチルド・クリムは、次のように語っている。「成長するためには好奇心が必要です。個性もチームワークも経験したい。新しい環境に飛びこんで、そのすべてを探索したい。経験を精査して教訓を得たい——そういう気持ちが大切なのです」

†リーダーと「天与の衝動」

エマスンが「天与の衝動」と呼ぶものを信じることも、全脳的思考の一環だ。「天与の衝動」

とは直感であり、絶対にすべきことを一瞬のうちに映しだすビジョンである。ビジョンは誰もが持っているが、リーダーはこうしたビジョンを信じる。

ノーマン・リアの言葉を思いだしてほしい。彼はリーダーとして成長する過程で、エマスンの『自己信頼』から大きな影響を受けたと語った。

「エマスンは内なる声に耳をかたむけ、他のすべてが反対しようともそれに従えといっています。いつごろからかはわかりませんが、私は内なる声には神の意志のようなものが宿っていると理解するようになりました――高校もカレッジも卒業し、青年期を過ぎたころだったと思いますが、いつのまにか、そう理解していました。

第二幕の脚本がうまく書けなくて、頭を抱えながらベッドに入り、目が覚めたらその答えを思いついている――こんなことが一〇〇〇回も起きるのはなぜでしょうか。それは内なる声を聞いているからです。内なる声に従うこと――正直、常にそうできているとはいえませんが、これほど純粋で真理に近い行為はないのではないでしょうか。

それに、自分の考えや意見というのは、手放せば必ず他人の口を借りて自分のもとへ返ってくるのです。ふしぎな威厳をたたえて……。ですから、とにかく信じることです。私の場合も、一番力を発揮できたのは、内なる声に耳をかたむけていたときでした」

こうした閃きに従うことで、リーダーはビジョンを実現できるようになる。

他にもリーダーに求められる右脳的資質は多い。作家でフェミニストのリーダーでもあるグロリア・スタイネムは、企業家についてこう語っている。「直線的にものを考えない人は、企業家に向いていています。それから、説得力というか、共感できる部分があることも必要ですね。(中略)私は昔から、企業家はビジネスの世界のアーティストではないかと考えてきました。以前は結びつかなかったものを結びつけているのですから」

スタイネムは、成功について語るときも同じような言葉を使う。「私にいわせれば、進歩は直線的に進むわけではありません。成功とは、自分という円環を完成させることなのです」

また、ハーブ・アルパートは、自分の仕事ぶりを次のように表現する。「右脳型というのかな。いわゆるビジネスマンの定義にはあてはまらないと思います。なんでも手あたり次第に挑戦するし、本能的な勘を大切にしています。肩がこっていると感じたら、何かがうまくいっていないのではないかと疑う。身体がバロメーターになっているんですね。(中略)アーティストの曲を聴くときは、なるべく素直な気持ちで耳をかたむけるようにしています。先入観を頭から追い払い、たいていの場合は心の中に湧きあがってくる感情だけを感じるようにしています」

彼は直感を信頼することで、ミュージシャンとしてもビジネスマンとしても成功した。長年A&Mレコードでパートナーを務めるジル・フリーゼンは、アルパートを次のように評している。「彼には何が正しいのか、何をすべきかが直感的にわかるんです。おまけに、客観的にものごとをながめ、問いかけることもできる。今の彼は経営者でもありますから、理想的ですよね。意思決定のたびに、彼は自分のキャリアをつくりかえているのです」

アルパートによれば、目の前のビジネスに取り組むだけでなく、未来に対するビジョンを持つことも重要だという。彼は「相互信頼」の力も信じている。フリーゼンやA&Mレコードを一緒に立ち上げたジェリー・モスについて、彼は次のように語っている。

「この会社を本当の意味で動かしているものは、ジェリーとジルと私の間にある信頼であり、アーティストが我々に寄せてくれる信頼です。アーティストたちは『A&Mと仕事をするのは気持ちがいいし、刺激される。A&Mのメンバーは自分たちの仕事を大事にしてくれるからだ』といってくれます。それに、A&Mはインディペンデントレーベルなので、フットワークも軽いんです」

フリーゼンが言葉をつぐ。「スタッフやアーティストにとって、『インディペンデント』という言葉がいかに重要かはとても説明できません。この言葉には魔法のような力があるのです」。そして笑いながらこうつけ加えた。「我々は自分たちの作品や所属アーティストのことを『商品』とは呼びません。そんなふうに呼ぶのは彼らに対して失礼でしょう」

アップルのジョン・スカリーは、意見の相違を歓迎している。その姿勢は、市場調査のやり方にもおよぶ。

「最悪なのは自分と同じ考えの人間を集めてチームをつくることです。でも、本当に必要なのは異なるスキルの持ち主が相互に連携できるようなチームです。リーダーなら、異なる人間やものごとを連携させる方法を考えるべきでしょう。

人間はえてして、自分が何を求めているのかをわかっていないものです。実際に目で見るまでは、言葉でいいあらわせないんですね。もしマッキントッシュを世に出す前に市場調査をして、消費者に理想のPCはどんなものかと聞いていたら、まったく違う製品ができあがっていたでしょう。しかし、我々はマッキントッシュを世に出し、『あなたが欲しかったものはこれではありませんか』と問いかけた。消費者の答えは『イエス』でした。抽象的なものは目に見える形にしなければなりません。そうでなければ、人々はそれを受け入れることも拒否することもできないのです」

カレッジの学長を務めるアルフレッド・ゴットシャルクは、教職員の採用面接では右脳的資質の有無を見るという。「まずは人柄。信頼できる人物かどうかですね。次は想像力と忍耐力、そして意志力。たとえば、経理部門の責任者を雇うとしましょう。大学時代は中級の代数や微積分さえ苦手だったのに、会計の仕事で生計を立てるようになった候補者がいるとしたら、この人にはどんな財務的想像力がそなわっているのだろう、と考えるわけです。その人となりをできるかぎり見て、最後は基本的に直感で決定する。その人物を採用することを私自身が納得できる必要があるんです」

ものごとに対処する場合も、右脳的資質は役に立つ。科学者のマチルド・クリムは、初期の研究活動でも直感が重要な役割を果たしていたという。

「生物学に関しては、私の直感はいつもさえていました。覚えているかぎり、私が取り組んだ研究でなんの成果もあげなかったものはひとつもありません。（中略）

直感で染色体の違いを見抜いたこともあります。あるとき同僚が、犬から新しい細胞株を分離することに成功したといいました。でも、私は染色体を一目で見ただけで、それはラットの細胞だとピンときたんです。あとで細胞検査をしたところ、この直感は当たっていました。出生前診断も、私には最初から自明でした。リンパ細胞を初めて見たとき、男女の細胞に違いがあることが直感的にわかったので、体系的に研究することにしたんです。当時はずいぶん騒がれましたが、研究自体はとても単純なものでした」

ビジョンを持ち、自分の直感を信頼していたクリムにとっては、たしかに単純な研究だったのだろう。しかし、実際にその研究に取り組んだ人間は過去にひとりもいなかった。

† 運はいかにしてめぐってくるのか

私が話をしたリーダーたちは、運の大切さも信じていた。それは単なる運ではない。彼らが考える運は、フットボールのコーチだったヴィンス・ロンバルディの名言「幸運とは覚悟と好機が組みあわさったものだ」に近い。

卓越した論理能力の持ち主でありながら「直感的で本能的な人間」を自認するジェームズ・バークは、リーダーという立場について次のように語っている。「人がリーダーになるまでには多くの運がはたらいています。私の人生にも数々の偶然がありました。タイレノール問題（二二九ページ参照）がなかったら、あなたが今ここで私と話をしていることもなかったでしょう。私にはたまたま、あの問題に対処する心がまえができていたんです——でも、それは偶然でした」

幸運と心がまえの関係については、ジェイミー・ラスキンもボストンの検事総長補だった時代にこう語っている。「リーダーシップについて一般的な助言をするとすれば、自分にとってもっとも真実だと思えるものを見つけ、それを守りぬくことです。ただ、人間がすることには運も大きくかかわっていると思います。『幸運は大胆な人間を好む』とマキャベリはいいました。心がまえができている人間というのは基本的に大胆な人間と同じだと思いますが、そうした人には幸運が宿ります。ナポレオンは自分の副官にそなわっている資質の中で、もっとも好ましいものは運だといいました。運は人生のあらゆる場面にかかわってきます」

シドニー・ポラックの次の言葉は、右脳的リーダーシップの本質をみごとにとらえている。

「(右脳的リーダーシップは) ある種の自由連想から生まれるのではないでしょうか。あらゆる芸術はここから生まれます。それは『白昼夢』や『インスピレーション』といった言葉であらわされることもありますが、科学的にいえば自由連想です。ここからアイディアが生まれるのです。

アイディアがうかんだら、たとえルールに反するものでも信じなければなりません。それができたら、あとは自信と勇気。アイディアの実現に必要なものはこれだけです。ここまできたら失敗も怖くない。そうでないとしたら、その人は偽物です。リーダーシップ養成学校に行き、ボスと同じようにどなり、ボスと同じようにオフィスを飾りたてているだけで、本物のリーダーではない。真のリーダーは他人と似ているところを探すのではなく、自分のユニークさを認めようとするものです」

ポラックが教えてくれた次のエピソードには、リーダーシップの「天与の衝動」がみごとにあらわれている。

「何年も前に、『追憶』という映画を撮影しました。バーブラ・ストライサンドが演じる女は、作家になることを切望し、必死に努力しているのになかなか報われない。一方、ロバート・レッドフォードが扮する男は、たいした努力もせずになんでもこなしてしまう。王子様的とでもいうのかな、絶対に作家になりたいと思っているわけでもないのに、どういうわけか才能にめぐまれていて、いいものが書けてしまう。二人は創作クラスの学生という設定でした。

女は苦労してやっと一編の硬派な短編小説を書きあげます。ところが、クラスで教授が読みあげたのはレッドフォードの作品だった。ストライサンドはその作品に大きなショックを受け、教室を飛び出す。次のシーンは、彼女がくずかごのところへ走っていき、自分の原稿をびりびりに破ってくずかごにたたき捨てて泣きじゃくる、というものでした。

撮影に先だち、まずはショットを設定しました。カメラはくずかごのところに置き、木にレンズを向ける。ストライサンドは木のむこう側に立つ。『アクション!』と声がかかったら、彼女が木のむこう側から姿をあらわし、カメラに向かって、つまり我々に向かってまっすぐに走ってくる。そして原稿をくずかごにたたき捨てると、カメラは彼女の顔に寄り、くずかごにもたれかかって泣きじゃくる表情をとらえる。ざっと、このような流れでした。

この映画の第一助監督はハワード・コッチJr。ストライサンドが主演した前作『砂の城』でも第一助監督を務めていました。このシーンの準備をしていたとき、彼が私のところへ来てこういったんです。『彼女、すごく神経質になってますよ』。理由を尋ねると、答えはこうでした。『泣けないんじゃないかと不安になっているんです。前作でも泣くシーンでひどく苦労しましてね。

彼女、泣けない女優はダメだと思いこんでいて、それで神経質になっているんです』

撮影現場のいろいろな小道具のひとつに、塩入れのように底にたくさん穴のあいた小さな試験管があります。中にはアンモニア結晶が入っていて、口の部分はガーゼでおおわれている。この試験管にメイク係が息を吹きこむと、アンモニア臭が広がって俳優の目に入り、涙が出るというしくみです。目は赤くなるし匂いもひどいんですが、撮影には重宝します。バーブラはメイク係を木のうしろに待機させていました。

私はハワードにいいました。『彼女が泣けないなんて信じられないな。あんなふうに歌をうたう人が泣けないはずないじゃないか。ここにいてくれないか。ちょっと木のうしろに行ってくる。私が手を振ったらカメラをまわしてくれ』

木のむこう側に行ってみると、バーブラが落ち着かない様子で歩きまわっていました。メイク係が試験管を持って立っていたのでむこうへ行かせると、バーブラは驚いた様子でいいました。『ちょっと、どこへ行くの？　待ってよ、待ってったら。あなた、何をしているの？』。私はバーブラにいいました。『力を抜いて。さあ、力を抜いて』。そして彼女の前にまわり、両腕で彼女を抱きしめました。一分ほどそうしていると、バーブラはすすり泣きを始めました。私は手を振り、それを合図にハワードがカメラをまわしました。バーブラは木陰から出て、カメラのほうへ向かっていきました。

私はバーブラに何もいいませんでした。特別な演技指導をしたわけでもありません。ただ私には、彼女の中にはすでに感情が湧きあがっているのに、緊張のあまりそれを表にあらわせなくなっていることがわかりました。彼女自身が築いた壁があったのです。でも私が彼女の身体に腕をまわしたとき、何かが彼女の心にふれた。彼女の中の何かがゆるんだのです。これ以降、撮影の間、バーブラはいつでも泣くことができました。

『どうやってそんなことを思いついたのか？　それが効果を発揮するとなぜわかったのか？』、そう聞く人もいるかもしれません。正直なところ、メイク係を立ち去らせたときにはなんのアイディアもありませんでした。ただ、バーブラは泣くことができると確信していただけです。私が知っている彼女の作品は情感にあふれたものでしたし、バーブラがとても情緒的な女性であることもわかっていました。どうすればいいのかはまったくわかりませんでしたが、突然、どこからともなく衝動が湧きあがってきて、ふと、彼女を抱きしめようと思ったんです。

彼女の顔を見るまで、そんな衝動はありませんでした。でも問題解決という意味では、とても効率的で即効性のある方法だったと思います。長い時間をかけて話しあったり、『いやなことが起きたときのことを思いだしてごらん』などといったりするよりよかった。もしもバーブラのそばに行って、『君ならできるよ。君を信じてる』などといったら、『あっちへ行って！』といわれていたでしょう。そんなことをいったら、もっとプレッシャーをかけるだけです。あのとき——あくまでも推測ですが——彼女はしっかりと自分を支えてくれる力を感じ、それが彼女の心を動かしたのではないでしょうか。本当に自分の味方になってくれる人がいる。単純ですが、感動的な瞬間です。それが彼女の心にふれた。そういうことだと思います」

「自信」「ビジョン」「美徳」「勇気」そして「天与の衝動」を信じること。本書に登場するリーダーたちは、こうしたものの必要性はもちろん、その効果も証明してきた。彼らはあらゆるものから学んだが、とくに経験、もっといえば逆境や失敗から多くを得た。そして人をみちびくことによってリーダーシップを学んだ。

彼らに共通するモットーがあるとすれば、「プレッシャーの中でも沈着であれ」というものだろう。本書に登場するリーダーの中に、生まれ落ちたときから優位にあった人はいない。明らかに不利な条件を背負って人生をスタートした人さえいる。それでも全員がトップにのぼりつめた。なぜか。リーダーはつくられるからだ。しかも自らの手で。ウォレス・スティーヴンスを引用するなら、リーダーたちは「この世界で、しかし既存の世界観の外側で」生きてきた。そして新しい世界をつくった。それは彼らがひとりの例外もなく、オリジナルな人間だったからだ。

人に教えてあげられることなど何もない、そう彼らはいうかもしれない。しかし、彼らは知っておくべきことを学ぶ方法を、身をもって示してきた。

最初からリーダーになろうと考えていた人はいない。最初はただ自分の人生を生き、自分を存分に表現したいと考えていたにすぎない。その表現が価値あるものだったとき、人はリーダーになる。

重要なのは、リーダーになることではない。自分自身になることだ。そして習得したスキル、才能、エネルギーをすべて使って、自分のビジョンをはっきりと示すことだ。何も抑えてはならない。最初に思い描いた自分を目指し、そのプロセスを楽しむこと。それにつきる。

作家のヘンリー・ジェイムズは、生涯を通じてすぐれた小説を大量に生みだしたが、その彼が人生も半ばを過ぎたころに残したメモが、『Notebooks（ノートブック）』に収められている。

ただひたすら前進せよ！　私は自分にこういいつづけてきた――遠い昔、たぎる血潮と情熱につき動かされていた青春の日々にも、私は自らにそういい聞かせていた。しかし、この言葉のままに生きたことはまだない。その感覚――そうする必要があるという感覚は、折にふれて圧倒的な力で私をおそう。これこそ私が救済される道であり、未来の私に残されている唯一のものであるように思われる。私の中には、これまでになしとげたことよりもはるかに多くのことをなしとげるための材料がたっぷりとたくわえられている――あとはそれを使い、強い意志と信念で行動するだけだ。そのためには――自己のすべてを肯定するためには――何度も何度も表現することだ。深く、豊かに、そして敏速に。いうなれば、人生は自分の意のままになるのだ。この歳になると、人生は自分の芸術的な魂の記録にほかならない。前進せよ、そして体あたりするのだ。（中略）すべてを試み、すべてを行い、すべてを表現せよ。芸術家であれ。命のつきる瞬間まで、際立った存在であれ。

ジェイムズの主だった小説は、自らを鼓舞するようなこのメモが書かれたあとで生まれた。大作家のひそみにならって私もこういおう。「体あたりするのだ。すべてを試み、すべてを行い、すべてを表現せよ。そして、自らにふさわしい自分になれ」

第六章

自分を広げる

体あたりし、すべてを試みよ

人間には自己というものがある。「突きあげてくる声に耳をかたむけよ」――私がそういうとき、それは自己の表出をゆるしなさいといっているのだ。ほとんどの人（とくに子どもや若者）は、自分の声に耳をかたむける代わりに、母親が投影してくるものや父親の意見、あるいは体制、年長者、権威、伝統の声を聴き、人生の大半を過ごしてしまう。

――アブラハム・マズロー

『人間性の最高価値』（誠信書房）

マズローのいう「自己の表出をゆるす」（前ページ参照）とは、リーダーシップの本質をなすものであり、自分の存在を誇示するのではなく、自分自身を表現するために、存在する自分から行動する自分へ一歩を踏みだすことである。

本章でとりあげる自己表現の方法は、ちょうど一輪の花が一枚ずつその花弁を開いていくように、ある方法から次の方法へとつながっていく。

自分がまだ子どもだと考えてほしい。教室で詩を暗唱したが、どうしても第二節を思いだせないあなたを先生はしかり、級友たちは笑った。それ以来、あなたは人前で話すと考えただけで冷や汗が出るようになった。

大人になったあなたのもとに仕事の話がまいこんでくる。いい話だったが、定期的に大勢の前で話をしなければならないという。喉から手が出るほど欲しい仕事だったにもかかわらず、あなたは人前で話すのが怖くてすぐに返事をすることができない。その仕事ができるという自信よりも恐怖心のほうがまさってしまい、行動を起こせないのだ。

この場合、選択肢は三つある。

①「恐怖心に負け、その話は見送る」

②「自分の恐怖心を客観的に分析する」。しかし、精神分析医のロジャー・グールドが指摘しているように、この方法は抜本的な変化はもたらさないだろう。

③「恐怖の原因となった体験を具体的に思い返し、反芻《はんすう》する」。そもそも、あなたはまだ子どもだったのだ。その詩のこともたいして好きではなかったのだろう。しかられ、笑われたことは事実だが、そのせいで人生が一変したわけではない。ここが重要だ。そのせいで成績が下がったわけでもないし、級友から軽んじられるようになったわけでもない。実際、あなたの過ちなど誰もがすぐに忘れてしまった――あなたを除いては。あなたは何年もそのときの気持ちにしがみつき、何があったのかを考えてみようともしなかった。今こそ、それを考えるときだ。

†吟味し、解決する

リーダーは過去から学ぶが、その重要な方法となるのが過去を「吟味」することだ。たとえば、ジェームズ・バークは次のように述べている。

「ホーリークロス大学では、イエズス会の修道士と机をならべてスコラ哲学の授業を二八時間受けることが義務づけられていました。好むと好まざるとにかかわらず、すべての学生がこの論理的で厳格な思考法の洗礼を受けなければならなかったのです。でも、私がビジネスの世界で成功できたのは、このときの経験が非常に大きかったと思うことがよくあります。

私は直感的で本能的な人間だったので、論理性が身についたことはプラスでした。ハーバード・ビジネススクールに入学できたのも、このおかげだと思います。ハーバードでは論理的思考をさらにきたえられました。

ビジネスの世界に入ってからも、私はまず『これだ』という閃きを得ることが多い。そのあとで、その対象を冷静にながめ、論理に照らして徹底的に検証します。データより直感に従うタイプなので、論理性が身につき、慎重に考えられるようになったことは重要でした。

また、私は以前から現代社会には哲学者が足りないと感じていました。社会には思索に生涯を捧げる人間も必要です。エコノミストは山ほどいますし、科学のあらゆる領域はすでに研究の対象となっています。それなのに、思索家は数えるほどしかいない。私がものごとを慎重に考えるようになったのも、そのせいかもしれませんね。もっとも、私自身は自分のことを活動家だと考えているのですが」

実際、人間の行動には、その人が何をどう考えているかだけでなく、何をどう感じているかが如実にあらわれる。ロジャー・グールドも同意見だ。

「人間のふるまいは、その人がものごとをどう感じているかによって決まります。でも、自分の感情をきちんと整理できている人はほとんどいません。考えるというのはめんどうな作業ですからね。それに、考えるといっても抽象的に考えるだけでは、ふるまいが変化することはまずない。変化に対する葛藤を生みだすだけです。

私自身は、常に二種類の方法でものごとを分析するようにしています。ひとつは問題の全体像をとらえること。昔からどんなことも複数の視点からながめるようにしています。そしてもうひとつは問題の中心、つまり核心に注目することです」

過去を吟味することは学習の要だが、ひとくちに吟味といっても方法はいろいろある。「見返す」「回想する」「夢想する」「日記をつける」「徹底的に議論する」「前の週の試合を見る」「批評を求める」「静かな場所に行ってじっくりと考える」……。ジョークをいうのもひとつの方法だ。ジョークはあらゆるできごとを理解しやすく、受け入れやすいものにしてくれる。

フロイトは、「精神分析の目標は無意識を意識化することだ」といった。たとえば彼は、「命日」の重要性に言及する。父親の命日に死ぬ人は、父親の死に向きあわず、その日を無意識下に押しこめていたケースが多いという。彼らは、父親が死んだ日に受けた傷を暗闇に葬り去ったせいで、癒される機会を逸してしまったのだ。

吟味することは、意識的に学習することでもある。過去をふり返ることで、我々は問題の核心に迫り、真実を引きだすことができる。過去を十分に反芻すれば、過去の意味を学び、その経験を解決する方法――つまり、どんな行動をとるべきかがわかる。

ところで、私はこの「解決（resolution）」という言葉が気に入っている。これにはいくつかの意味があるが、私は主に二つの意味で使う。ひとつは何かをしようという「決意」、もうひとつは「解明」あるいは「解決策」という意味だ。この言葉の響きも気に入っている。声に出すとわかるのだが、不協和音が協和音に変わっていくさまが言葉の意味と重なってくる。

話を戻そう。吟味というテーマに関して、バーバラ・コーディはこう述べている。

「残念なことに、たいていの人は失敗して初めて、これまでの行動をふり返ります。すべてが順調に進んでいるときは、誰も腰を落ち着けて過去を見つめようとはしません。でも本当は、そのときこそ最高のタイミングなのです。大きな失敗をしでかしてからこの作業をしようとすると、二つの問題が生じます。第一に、気持ちが落ちこんでいるので多くを得ることができません。第二に、そういうときは失敗に目を奪われ、正しく行動できたときのことを忘れてしまいがちです」

これは事実だ。人間は肯定的な経験より否定的な経験の影響を強く受ける。たった一週間でも人生にはたくさんのことが起こるが、ほとんどの人は成功のよろこびより、ほんのわずかな過ちのほうを記憶してしまう。それは経験を反芻せず、ただ反応しているからだ。

劇作家のアソル・フガードは、毎朝、自分によろこびを与えてくれるものを一〇個考えることで、うつから脱することができたという。これは、一日をおだやかで前向きな気分で始めるためのすばらしい方法だと思う。以来、私も定期的にこの方法を実践している。

海面を照らす朝日の輝き。ワープロの横に飾られた朝摘みのバラ。朝の散歩を終えた私を待っている、大きなカップに入った一杯のカフェラテ。えさを待ちわびている愛犬ですら、私によろこびを与えてくれる。

ささいな失敗に気づいたときは、それについてあれこれと思い悩むより、自分の身近にあるささやかなよろこびに意識を向けるほうがはるかによい。落ちこんでいるときは自分が楽しみに思っていることを考え、心に余裕がでてきてから起きたことを反芻するのだ。

誤りには教訓がふくまれているが、この教訓を引きだすためには、起きたことを落ち着いてふり返る必要がある。そして、どこで間違えたのかを点検し、頭の中でやりなおしたうえで、実際の修正に取り組むのだ。優秀な打者は、たとえ三振をとられても、自分がおかしたヘマのことをいつまでも考えたりはしない。すぐに構えを修正し、スイングを強化する。

一流の打者でも、三振をとられることはある。ベーブ・ルースはホームランの記録を打ち立てたが、三振の数でも記録を残した。そもそも打率はよくて四割だ。どんなにすぐれた打者でも二回に一回以上はヒットを打ちそこなうのである。

それにもかかわらず、我々はヘマをすると硬直してしまう。自分がおかした誤りにとらわれ、また失敗するのではないかとおびえ、何をするにもびくびくするようになる。

競馬の騎手は落馬してもまた馬に乗る。そうしなければ、恐怖にとらわれて二度と馬に乗れなくなることを知っているからだ。F—14戦闘機のパイロットは、緊急脱出を経験した翌日には別の戦闘機に乗って空を飛ぶ。普通の人は、騎手やパイロットほどの恐怖にさらされることはない。しかし、ほとんどの人は思考の力を借りなければ、恐怖に立ち向かい、次の行動に移ることができない。つまり、過去に向きあうことで初めて、次の行動を前向きに考えられるようになるのだ。

ロジャー・グールドの言葉を借りるなら、人間は経験を吟味することで感情を整理し、理解し、問題を解決し、前に進めるようになる。ワーズワースは「詩とは、強い感情を心静かに回想することだ」といった。解決は、起きたことを心静かに吟味したあとにもたらされる。

我々にとって重要なのは、感情の犠牲にならないこと、整理のついていない感情にふりまわされないようにすることだ。経験にふりまわされるのではなく、経験を活用する、しかも創造的に活用することだ。

作家が自分の経験を小説や戯曲に昇華させるように、我々も自分の経験を糧にできる。作家のアイザック・ディネーセンは、「どんな悲しみも、それを物語に変えることができるなら耐えられる」といった。人生は、過去の経験を礎にして続いていく。経験を吟味し、理解し、前向きに解決することができれば、この礎は堅固で安定したものとなるだろう。

先駆者と呼ばれる多くの人々と同じように、グロリア・スタイネムの仕事も、前人未踏の領域に踏みこんでいくことだった。スタイネムは常に正面突破を試みる。

「私はあまり熟考するタイプではありません。まずは行動し、実行し、発言する。いわゆる中西部人の気質なのでしょう。あの土地は、人間が内省的になることをゆるしません。おかげで私も未来志向になってしまいました。もっとも、それはあまりよいこととはいえない。私たちは今を生きているのであって、未来を生きているわけではないのですから。(中略)

人生には、腑に落ちる瞬間というものがあります。思うに、ものごとはくりかえし起きていて、私たちは、直線ではなく螺旋《らせん》を描くように学び、(中略)ある日突然、腑に落ちるのではないでしょうか。それは、吟味や分析というより、『ああ、そうだったのか』という感覚です。

過去にそのような感覚を経験したことがある人なら、次に同じことが起きそうになったときはなんとなくわかるでしょう。動きのない時期が続いたあと、突如として飛躍の瞬間が訪れ、また動きのない時期が続く……。この飛躍の瞬間に、私たちは何かをつかむのではないでしょうか。

ときには、あとになって本当の意味がわかることもあります。以前、母に関する文章を書いたことがあるのですが、今は読み返すことができません。昔よりもその文章の意味がよくわかるので、どうしようもなく悲しい気持ちになってしまうのです」

起きたことを頭だけで理解しようとすると、身動きがとれなくなる。しかし、何があったのかをしっかり吟味できれば、過去を解決するために必要な「気づき」と「情報」を得ることができる。

まず行動してから結果をながめ、熟考するというスタイネムのやり方にも利点はある。しかし、こうした性急なアプローチを実践できるのは、「誤りや失敗は人生の基本であり、欠くことのできないものだ」と考えられる人だけだ。残念ながら、ほとんどの人はそれほど賢明でもなければ冷静でもない。謎めいた未開の地にいきなり乗りこんでいけるのは、彼女のような先駆者だけだ。こうした人々は、自分がしていることに確信を持っているので、冒険につきもののリスクも当然のものとして受け入れることができる。

なんであれ、ものごとを成功させるためには自分が何をしているのかをわかっている必要がある。自分がしていることを本当の意味で理解するためには、プロセスそのものを意識すること――自分や自分が取り組んでいることを吟味し、解決することが欠かせない。

第三章でも述べたように、エリク・エリクソンは人生をいくつかの段階に分け、人間は各段階に待ち受けている葛藤を解決することによって成長すると考えた。エリクソンによれば、それぞれの葛藤を前向きに解決できないかぎり、人間は次の段階や葛藤には進めないという。

誰にとっても、こうした葛藤を解決することは不可欠だと考えた私は、エリクソンの考えをもっと一般的な言葉と枠組みでとらえなおすようになった。葛藤は不可避だが、それをどう解決するかによって、人生のありようは変わる。

エリクソンの考えを私なりに組みかえたのが、次のリストだ。

葛藤のテーマ	葛藤がもたらすもの
「盲目的な信頼」対「不信」	希望
「独立」対「依存」	自律性
「自発性」対「模倣」	目的
「勤勉性」対「劣等感」	能力
「アイデンティティの獲得」対「混乱」	統合
「親密性」対「孤立」	共感
「寛容」対「自己中心性」	成熟
「錯覚」対「妄想」	英知

物理学者のニールス・ボーアは、次のように述べている。「真実には二種類ある。小さな真実と大きな真実だ。小さな真実は判別しやすい。その反対は虚偽だから。しかし、大きな真実の反対はもうひとつの真実である」

人生は、小さな真実と虚偽ではなく、むしろ大きな真実とその反対にある別の真実でつくりあげられている。こうした基本的な葛藤を解決することが、ときにとてもむずかしいのはそのためだ。それが正誤を問う問題であることはほとんどない。たとえば、盲目的な信頼と不信の間には希望がひそんでいるが、そこには希望の反対である絶望も存在している。

経験を吟味し、内なる葛藤を解決できたとき、人は独自の観点を持つようになる。

†　独自の観点を持つ

ジョン・スカリーは、観点について次のように述べている。

「外国で暮らしたり長期の海外旅行にでたりして、日頃の観点を変えてみることは重要です。立場が変われば自分も変わる。同じ事実を前にしても、視点が変わればすべてが違って見えてきます。リーダーはいくつかの点で秀でている必要がありますが、そのひとつが観点です。必ずしもアイディアマンである必要はありませんが、アイディアを現状にあてはめ、独自の観点から検討できなければなりません。（中略）私が部下に求めるのも、経験をアイディアに転換し、そのアイディアを現状にあてはめて考える能力です」

では、あなたはどんな観点の持ち主だろうか。次の質問はそれを知る助けになるだろう。

①新しいプロジェクトを検討するとき、最初に考えるのはコストか利益か。
②利益と進歩のどちらを重視しているか。
③どちらかを選ぶとしたら、富と名声のどちらをとるか。
④引っ越しを伴う昇進を打診されたら、承諾する前に家族と相談するか。

⑤大きな池の小さな魚でありたいか、小さな池の大きな魚でありたいか。

もちろん、これらの質問には正解も不正解もないが、どう答えるかによって、その人の観点が垣間見える。プロジェクトを検討するときにまずコストを考える人、進歩より利益を重視する人は、ものごとを短期的にながめる傾向がある。富より名声を選ぶ人は野心的だ。芸能界にいるのでもないかぎり、名声を得るには富を築く以上の才能とオリジナリティが求められる。

④でまず家族と相談すると答えた人は、野心よりも人間味がまさっているだろうし、⑤で小さな池の大きな魚を選ぶ人は気力が不足しているのかもしれない。あるいは「ローマの二番になるくらいなら、イベリアの小さな村の一番でありたい」といったジュリアス・シーザーと同じ意見の持ち主なのかもしれない。

観点とは、ものごとをどう見るかであり、その人にそなわっている固有の視座にほかならない。観点のない人は暗闇の中を飛行するパイロットのようなものだ。観点とは、独自の「見解」でもある。人工知能の先駆者、マービン・ミンスキーは「見解を持つことは知能指数でいうと八〇ポイントに相当する」と述べている。

マーティン・キャプランは、かつて私にこういった。「ディズニーがよきにつけ悪しきにつけ一目置かれているのは、このスタジオの経営陣に確固たる見解があるからでしょう。これはリーダーシップの要件でもあると思います。（中略）外部に向かって何かを拒否するとき、ディズニーの人間は主観的な言葉を使って婉曲《えんきょく》に表現します。『なんというか、ぴんとこなかったんです』

といった具合に。でも、社内の意思決定はそんなに甘くも、あいまいでも、相対的でもありません。ディズニーには独自の見解があり、その見解にあうかどうかが、プロジェクトを選択する基準になるのです」

自分が何を考え何を求めているのかがわかっている人は、きわめて有利な立場に立つことができる。現代は専門家の時代だ。食事の内容は栄養士に相談し、愛犬のしつけは訓練士に任せ（ペット専門の心理カウンセラーさえいる）、重大な決定を下すときはコンサルタントを呼びよせる。現代人にとって、見解は稀少なものであるだけでなく価値のあるものなのだ。

たとえば、故モートン・ダウニーJrが確立した司会のスタイルは、本人が死んだあとも長く生きつづけた。彼は二〇世紀末のトークショーにおける「アーチー・バンカー」（人気コメディ番組に登場する頑固で独善的なキャラクター）となることで、一夜にして富と名声を手に入れた。視聴者は必ずしも彼の偏見にあふれたごう慢で横柄な司会ぶりを好んでいたわけではない。それでもダウニーに引きつけられたのは、彼が何に関しても独自の見解を堂々と表明したからだ。ダウニー以降、ラジオやテレビには彼のスタイルを受けつぐ偏狭で自信たっぷりの評論家たちが次々と登場することになった。

もちろん、テレビやラジオのトーク番組に登場する大言壮語の偏屈者たちを見習うようすすめているのではない。むしろ、そうはならないでほしい。あの手の輩はもう十分だ。私がいいたいのは、自分を十分かつ正直に表現するためには、独自の見解が必要だということである。

自分なりの観点や見解を伴わないリーダーシップは、リーダーシップではない。他人の目を借りることができないように、他人の見解も借りることはできない。もし、そこに本当の自分が反映されているなら、その見解は独自のものとなる。人間は誰もが独自の存在だからだ。

吟味し、理解し、解決することを学んだ人は、自分らしい観点や見解も手に入れる。次のステップは、そうした観点や見解を使って何をするかを考えることだ。

† テストし、判定する

世の中には、生まれながらに自分がしたいこと、ときにはそれを実現する方法さえ知っている人がいる。しかし、大半の人間はそれほど幸運ではない。ある程度の時間をついやさなければ、人生の目標は見つからない。

「幸せになりたい」「安楽に暮らしたい」「世界をもっとよくしたい」「大富豪になりたい」といった漠然とした目標は、ほとんど役に立たない。かといって「A社の会長になりたい」「核物理学者になりたい」「風邪の治療法を発見したい」といった極端に限定された目標も、役に立つとはいいがたい。こうした目標を持つと、それ以外の可能性に目が向かなくなってしまうからだ。

ジェイミー・ラスキンはこういった。「私が敬愛する人物のひとりにハーバード・ロースクールのデレク・ベル教授がいます。教授は具体的な野心や欲望は持たないことが大事だといっていました。どんな人生を歩みたいか、それを考えるほうがもっと重要だと。それさえ決まれば、残りのものはおのずと明らかになるのです」

自分は何を求めているのか――。このもっとも根元的な質問を自らに問う人はほとんどいない。

答えようとする人はさらに少ない。それでも人生はつつがなく過ぎていく。

この問いに対するもっともシンプルな答えは、「自分自身を存分に表現すること」だろう。これは、人間をつき動かしているもっとも基本的なエネルギーでもある。「誰もが自分の『声』を使う方法を学びたがっている」とある友人はいったが、この願望を追求することによって、ある人は頂上をきわめ、ある人は転落していった。

では、自分を最高の形で表現するにはどうすればよいのか？　それを知るために四つのテストをしてみよう。

テスト①「自分が求めているもの」と「自分の能力と可能性」を知り、両者の違いを認識する

グロリア・アンダーソンは、次のように述べている。「私は昔から人と同じでいるのはよくないと感じていました。人とは別の基準で、人とは違うことをしなければ、と思っていたのです」。彼女が自己表現の場としてジャーナリズムを選んだのは当然だった。ジャーナリストは大衆から超越した存在だ。彼らは客観的な視点から報道し、論説では自説を展開する。

アン・ブライアントの能力に最初に気づいたのは、周囲の人だった。「小学生のときはリーダーシップを発揮したという理由で何度も表彰されました。そのたびに驚いたものです。高校のときは委員長に推薦されました。私はクラスで一番背が高かったので、みんなの上に立っている感じがしたのかもしれません。自分から立候補したことは一度もありませんでした。でも、指揮をとることは好きなんです。それは昔から変わっていません」。「指揮をとる」ことが好きなブラ

イアントが、長じて米国大学女性協会（AAUW）を率いることになったのは驚くにあたらない。会員数一五万人、管理資産四七〇〇万ドルを誇るAAUWは、女性に対する機会均等、自己啓発、社会改革などを推進する組織だ。

一方、ベティ・フリーダンは、幼いころから組織を束ねる才能を発揮していた。

「五年生のとき、クラスに代理教員が来たんです。その先生が子ども嫌いでね。私はさっそく『悪童クラブ』を結成しました。私が合図をすると、子どもたちがいっせいに教科書を床の上に落とすんです。他にも先生をいらだたせるようなことをたくさんやりました。ついに校長室に呼ばれ、校長先生にこういわれました。『君にはリーダーシップのすばらしい素質がある。せっかくの才能だ、悪いことではなく、よいことにお使いなさい』。（中略）成人して仕事をするようになってからは、私の肩書きは一応、作家ということになっていますが、実際にはほとんどの時間を政治活動についやしています。女性運動の中核を担うグループを三つ立ち上げ、今は引退していますが、当時は陣頭指揮もとっていました」

テスト②「自分を駆りたてるもの」と「自分を満足させてくれるもの」を知り、両者の違いを認識する

ロジャー・グールドは、次のようにふり返る。「今でも覚えていますが、一二、三歳のころは毎晩、どうやったらみんなを救えるだろうと空想していました。自分だけでなく、全人類を救いたかったんです」。グールド少年は長じて精神分析医となった。まさに、救済者といっていい仕

事だ。

マチルド・クリムも、人の役に立ちたいと願っていた。「三年ほど、陸の孤島のような農場で夏を過ごしたことがあります。へとへとになりましたが、おかげで自信というすばらしい宝を得ることができました。あのとき私は、この仕事をやりとげられたらなんでもできる。やるからにはいい仕事をしよう。徹底的に人の役に立とうと思いました。でも、本当にきつい仕事でしたね」

クリムが後に科学の道に進み、エイズとの戦いの先駆者となったことを考えると、これは彼女にふさわしい出発点だった。「今は、すべての時間をエイズ問題についやしています。他のことにはとても手がまわりません」とクリムはいう。

ジョン・スカリーがたどった道はもう少し遠まわりだったが、やはり必然的なものだった。「好奇心のかたまりというのでしょうか、昔からいろいろなことに興味がありました。一時は電子工学に入れこんでいましたが、次は美術、さらに美術史、建築と興味の対象はどんどん広がっていきました。いったん何かに興味を持つと、ほかが見えなくなるほどのめりこんでしまうので、いつもその好奇心が満たされる前に、身体がもたなくなってしまいます。

ビジネスマンになろうと考えたことは一度もありません。自分では発明家か建築家かデザイナーになるつもりでした。視覚に訴えるものが好きだったのですが、アイディアにもずっと惹かれていました。微積分から建築まで、あらゆるアイディアに魅了されたものです」

アップルのような革新的でデザイン志向の技術企業を率いる人間にとって、これ以上のバックグラウンドはないだろう。

最初の二つのテストのポイントは、「人生の第一の目標は自分を十分に表現することだと気づく、あるいは認めることさえできれば、各自の能力や可能性、興味、傾向に応じて、他の目標を達成する方法も見つかる」ということだ。

それに対して、自分の存在を証明することを人生の第一目標にすえてしまうと、第一章に登場したエドのように、遅かれ早かれトラブルに見まわれることになる。世の中には、自分の存在を証明するために父親のあとをついで弁護士や医者になる男性や、自分にも金をかせぐ能力があることを証明するために株式ブローカーになることを決意する女性がいる。どちらも愚行だ。その先に待っているものは失敗か不幸、あるいはその両方である。

テスト③「自分の価値観と優先順位」と「自分が属する組織の価値観と優先順位」を知り、両者の違いを認識する

もしあなたが、自分を十分かつ的確に表現できるようになり、仕事のペースや内容にもそれなりの自負を持っているにもかかわらず、現在の職場では大きな成長は望めないと感じているとしたら、それはまわりの環境（パートナー、会社、組織など）と波長があっていないからかもしれない。

ハーブ・アルパートは、こういっている。

「大手のレコード会社でレコーディングをしていたころは、自分のあつかわれ方が好きになれなかった。まるでコンピュータに飼われているような気がしたんです。大手レーベルのやり方は間違っているとしか思えませんでした。（中略）ティワナ・ブラスというバンドを組んでいたとき、私はトランペットの音を多重録音（オーバーダビング）するアイディアを思いつき、自宅のガレージを改造した小さなスタジオで実験を始めました。でも、レコード会社は反対でした。一人で複数のパートを演奏するのは、他のミュージシャンの仕事を奪うことだから、組合の規則に反するというのです。まったく、的はずれもいいところでしょう？　このことがあって、私は自分の会社を持ったらアーティストを会社の中心にすえよう、アーティストのニーズを何よりも優先しようと決意したんです」

こうして、アルパートとジェリー・モスはA&Mレコードを設立した。同社はアーティストを大切にあつかうことで知られているが、当時のパートナー、ジル・フリーゼンは次のように述べている。「たしかにA&Mはアーティスト本位で、家族的な雰囲気があるといわれていましたが、それは意図したものではありません。計算の結果ではないのです。（中略）実際、こういう雰囲気は何もしないこと――つまり、あれこれ管理しないことによって生まれるのではないでしょうか」

アルパートは、自分自身が働きたいと思うような環境をつくるために会社を立ち上げた。無謀な決断に思えるかもしれないが、じつは理にかなっている。アルパートとA&Mは、今や音楽業界でも一目置かれる存在だ。

グロリア・アンダーソンが新聞を創刊したのも、アルパートと同じ気持ちからだった。「自分のやり方で仕事ができたのは『マイアミ・トゥデイ』が初めてでした。そのことはとても誇りに思っています。でも、パートナーと私のビジョンにはずれがあって、これからも一致する見こみはないとわかったので、『マイアミ・トゥデイ』を離れ、自分の道を行くことにしました」

一方で、もっと慎重に行動することをすすめる人もいる。アン・ブライアントはいう。「新しい仕事についたばかりのときは、やる気にあふれているものです。そういうときはつい、それまでのやり方の問題点をあばいてしまう。前からそこで働いている人たちにとって、それは受け入れがたい態度です。

ですから、まずは相手の立場に立ち、それまでのやり方のよいところを認め、その点を強化するようにしてはどうでしょうか。自分の計画を打ちだすのはそのあとでもいいはずです。そうすれば古参の社員も自分たちは認められていると感じ、新しい計画にも乗り気になってくれるでしょう」

自分が属している組織と波長があっているかどうかは、自分自身と波長があっているかどうかと同じくらい重要だ。そのために新しい組織を立ち上げるリーダーもいれば、ブライアントのように組織に適応していくリーダーもいる。

これまでのテストで、①「自分が求めているもの」と「自分の能力」の違い、②「自分を駆りたてるもの」と「自分を満足させてくれるもの」の違い、③「自分の価値観」と「組織の価値観」

の違いを判定できたら、次はいよいよ最後のテストである。

テスト④最初の三つのテストで判定した違いを克服する能力と意志があるか

最初の違いを明らかにするのは、それほどむずかしいことではない。誰でも一度くらいは「プロフットボールチームのクォーターバックになりたい」「映画スターやジャズシンガーになりたい」などと考えたことがあるだろう。しかし、その条件となる資質がなかった。先に私は、意欲があるならなんでも学べるといった。その言葉に偽りはない。でも、世の中には学習以前に天賦の才が求められる職業もあるのだ。

私は、歌手になるのが夢だったという高名な放射線学者を知っている。彼はずっと歌手になりたいと思っていたが、声にめぐまれず、今は夢をあきらめる代わりに曲を書いている。

クォーターバックになりたがっている青年がいるとしよう。足は速いし、頭の回転もいいが、体重が六五キロしかない。その場合はコーチやマネジャーになる手がある。あるいは友人や同僚を集めてタッチフットボールのリーグをつくり、土曜の午後に汗を流してもよいだろう。したいことがなんであれ、恐れに行く手を阻ませてはならない。

リーダーには、恐れを足かせではなくきっかけにする人が多い。たとえば、ブルック・ナップは次のように述べている。「私が空を飛ぶようになったのは、空を飛ぶことが怖かったからです。九〇パーセントや九五パーセントではなく、一〇〇パーセントの力で取り組むなら、私たちはなんでも実現できるのではないでしょうか。自分が恐れているものを克服すること――そこに成長する最大のチャンスがあるのです」。こうして、ナップはアメリカを代表する飛行士になった。

二番目の違いを認識するのは少しやっかいだ。世の中には成功に執念を燃やし、成功のためなら手段を選ばない人がいる。こうした人々は、何をしても満足せず、多くの場合は幸福でもない。成功と満足を同時に手に入れるためには、自分が求めているものを理解し、自分に必要なものを見極めるだけの知恵と正直さがいる。

三番目の違いを考えるときは、第一章で紹介したエドのことを思いだしてほしい。もし彼が、自分の求めているものと会社が必要としているものをもっと深く考えていたら、道を踏みはずすことはなかっただろう。しかし彼は、どうあるべきかではなく、目の前の仕事をこなし、自分の存在を誇示することにエネルギーをついやしてしまった。

世の中には、融通がきかず、社員に絶対服従を強いる企業もあれば、柔軟で、順応性があり、融通のきく企業もある。自分と組織の柔軟性を比べれば、その組織が自分にあっているかどうかがわかるはずだ。

† 志を持つ

ブルック・ナップはこういう。「世の中には、何かを実現したいという想いと、それを実現する能力の両方を持っているラッキーな人がいます。私の場合、いつも何かを達成したいという気持ちがありました。考えてそうなったわけではありません。私にとって、志《こころざし》を持つことは食べることと同じくらい自然なことなのです」

カルフェドの元CEOロバート・ドクスンも、ラッキーな人間のひとりだった。「献身、目標、ビジョンの感覚といったものを教わることはできないと思います。自分をふり返っても、それがどこから来ているのかわかりません」

もし、ナップがいうように志を持つことが食べることと同じくらい自然な行為だとしたら、誰の中にも志はあることになる。そしてドクスンがいうとおり、それが教わることのできないものだとしたら、人間は自分の力でそうした志を目覚めさせることができるはずだ。

ほとんどの人間は、人生そのものへの渇きをいだいて生まれてくる。私はこの渇きを「人生の可能性に対する情熱」と呼んでいる。この情熱には、人間を高みへ連れていく力があるが、残念なことに、こうした情熱は単なる欲望に変わってしまうことも多い。

企業家のラリー・ウィルソンは、志と欲望の違いを「自分を表現することと、自分の存在を誇示することの違い」だと述べた。

完璧な世界では、誰もが自分を表現することを奨励される。自分の存在価値を証明するよう求められることなどない。しかし、世界も人間も完璧ではない。だからこそ、愚かな罠に落ちることがないよう、欲求は志と結びついている場合にのみ健全であることを理解しておく必要があるのだ。

志と結びついていない欲求はすべて危険であり、命とりになる危険性さえある。一方、志のための欲求はすべて生産的であり、たいていはさまざまな報酬をもたらす。

私が話を聞いたリーダーたちと同じように、ナップも、人生の可能性に対する情熱と、その情熱を形にしたいという欲求を持っていた。「私は近所に住む八人の男の子たちと一緒に育ちました。ガキ大将は私。私には、エネルギーと熱意と意欲と決断力がみなぎっていた。それが私をリーダーにしたのです」

そんなナップも、年ごろには人なみに従順になったが、数年もたつと再び熱い想いが頭をもたげたという。「私は企業家気質なのです。ちらりとでもチャンスが見えたらつかまずにはいられません。ジェット・エアウェイズ（ナップが設立した航空会社。全米の企業エグゼクティブに利用されている）の誕生はほとんど偶然によるものでした。リアジェットを買いたいと思っていたら、規制緩和のあおりで小さな航空会社がばたばたと倒れ、地方への足を失った企業が頭を抱えるようになっていました」

こうして自分の航空機を持ちたいというナップの想いと、エグゼクティブ向けの経済的な輸送手段に対する需要が合致した。彼女は今も、休むことなくアイディアを生みだしつづけている。ジェット・エアウェイズを立ち上げたあとは、フロリダの柑橘産業や南カリフォルニアの高級不動産事業、資産運用事業にも進出した。

バーバラ・コーディも、自分の成功には熱意が欠かせなかったと考えている。「企業や番組の勢いというのは、そこに日常的にかかわっている人々の心配りや熱意に比例します。もしリーダー自身がプロジェクトのことを気にかけず、意識すらしていないとしたら、他のメンバーに心配りや熱意を期待することはできません。（中略）私の熱意は周囲にも伝わっていると思います。私自身があるプロジェクトに夢中になれるなら、きっと他の人にも夢中になってもらえるでしょう」

ジェイミー・ラスキンも、情熱は伝染すると考えている。「自分の意見や信念を堂々と伝えれば、人は自然と集まってくるものです。私は基本原理を固く守っています。オスカー・ワイルドもこういったではありませんか。『私は左寄りの人間だ。これは心臓のある側である。その反対は右だ。これは肝臓のある側である』って」

最後に、グロリア・アンダースンの言葉を引用しておこう。「リーダーであることを、自分の最重要目標にすえることはできません。それは幸福であることを、人生の目標にできないのと同じことです。それは結果であって、目的にはなりえないのです」

† 熟達する

マーティン・キャプランにリーダーの資質を尋ねたところ、次のような答えが返ってきた。「まずは能力です。リーダーは業務に精通し、熟達していなければなりません。自分の考えを明確に表現できることも重要です。たとえ重要な仕事に熟達していたとしても、その仕事がなぜ重要なのか、なぜ手助けが必要なのかを説明できなければ、周囲の協力は得られません。また、必須要件ではありませんが、ぜひそなわっていてほしいと思うのは、細やかな感性、機転、思いやり、外交術などです。これらの特質をまったく持っていないリーダーも大勢知っていますが、私が感動し、啓発されるのはこうした資質をそなえているリーダーです」

キャプランは正しい。リーダーは「業務に精通し、熟達している」。彼らは自分の役割や職務を実行するだけでなく、それを完全に自分のものにしている。必要な知識をすべて学び、それに身をゆだねている。

たとえば、故フレッド・アステアは、振りつけを完全にマスターし、それに身をゆだねていた。アステアとダンスは一体であり、彼がどこで足をとめ、どこでステップを踏みはじめたのかは、誰にもわからないほどだった。アステアはダンスそのものだった。同じく、フランクリン・ルーズベルトも、大統領職を完全に自分のものにしていた。

何かに熟達するためには、その対象に完全に没頭し、持てる能力を最大限に発揮する必要がある。アステアにはそれができた。だからこそ、人々の注目を集めたのだ。マーティン・ルーサー・キングJrは、わずかな言葉でアメリカをふるいたたせた。キング牧師は夢を持っていただけではない、彼は夢そのものだった。それはマジック・ジョンソンがレイカーズであり、ビル・ゲイツがマイクロソフトであるのと同じことだ。

中国には武術と呼ばれるものがある。中国で暮らした経験を持つアメリカ人作家のマーク・ザルツマンは、武術の真髄を「完璧な型と集中力の獲得」と表現する。「(これを獲得すると)人間の動きは本能的なものとなり、中国人が健康な肉体と健全な精神の要と考えている心身の調和をあらわすようになる。古武術の世界では(中略)武術家はほとんどの時間を型の稽古についやす。(中略)型とはひと続きの決められた動きであり、その長さは一分から二〇分と幅があるが、必ず厳格な美的、技術的、概念的規則にのっとって演じられる。(中略)型を構成している個々の動きは、あたかも書家の流れるような筆跡が目には見えない線で結ばれているように、意志の糸ともいうべきものでつながれている」

ザルツマンの師で、「鉄拳」の異名を持つ武術家、潘清福《パンチンフー》はこういったという。「もっとも重要なのは目だ。目にはその人の意（意志や意図）があらわれる」。ザルツマンは続ける。「中国拳法の強さは意に負うところが大きい。目の鍛錬は不可欠だ。（中略）型の稽古には『自分は無敵で、ひと突きで相手を倒せる』という気合いでのぞまなければならない。（中略）まずは目と心で相手を打つ。そうすれば手はあとからついてくる」

作家のジョージ・レナードは、熟達した人間をこう表現する。「ベテランのパイロットは、他のパイロットが操縦席に着き、安全ベルトをしめる様子を見ただけでその人の技量を見抜く。エネルギーにあふれ、部屋に入ってきただけで周囲を明るくしてしまう人もいる。中には立っているだけで、ただものではないことを感じさせる大物もいる」

レナードによれば、熟達した人間には他にも次のような特徴がある。

「何かに熟達するためには、たゆまぬ努力が必要だが、別の面から見れば、それは胸躍る冒険でもある。（中略）スポーツ、芸術、あるいはなんであれ、その道の達人と呼ばれる人は、自分の仕事を天職とみなし、脇目もふらずにその仕事にのめりこんでいる。（中略）達人への道を歩む者はどんなチャンスもつかみ、愚行と思われるようなことにも挑戦する。（中略）遊ぶように学ぶこと、それこそ最強の学習だ。（中略）『気前がよい（generous）』という言葉は、『親切な（genial）』、『繁殖力のある（generative）』、『天才（genius）』といった言葉と語源を同じにする。（中略）天才はすべてを与え、出し惜しみしない。天才が天才であるゆえんは、この『寛大さ』

にあるのではないだろうか」

バーバラ・コーディは、「自分自身に熟達すること」について語っている。

「自分が本当に入れこみ、実現したいと思っていることがあれば、大勢の人を説得し、味方になってもらうこともできます。そのためには強い個性、個人的な信念、絶対に実現するのだという強い意志、粘り強さ、そして何度断られてもあきらめない精神力が必要です。

テレビ業界では、拒絶されることなど日常茶飯事です。でも、これを乗り越えないと何も始まらない。話を聞こうとしない人たちをふりむかせ、ひたすら前に進み、自分と自分が信じているものからぶれない強さを自分の中に育てるのです。昨日の名案は明日の名案です。その案を支持してくれる人が今日見つからなかったからといって、明日も見つからないとはかぎらないでしょう?」

熟達していること、自分の仕事を完璧にこなせることはリーダーの必須条件だが、それは何より楽しいことでもある。ジェームズ・バークはいう。「何かに熟達していくのは、楽しくて心がうきたつような経験です。もしまったく楽しくないとしたら、まわりの環境に問題があるか、その人自身が的はずれなことをしているかのどちらかです」

ロジャー・グールドは、自分の仕事が無条件に楽しいという。「知人に精神科医はいませんでしたし、それがどういう仕事なのかもわかっていませんでしたが、自分にはぴったりの職業に思えました。人間が好きだし、人と深い話をするのはとても楽しい。精神分析という仕事に心から満足しています。人間はすばらしい存在だと思いますし、人を助けることも好きですが、すべての根底にあるのは、人間の思考プロセスに対する強い好奇心です。この好奇心が私をつき動かしているのです」

† 戦略的に考える

「先頭を走る犬にならなければ、景色はいつまでも変わらない」ということわざがある。この考え方に従うなら、リーダーが見る景色はたえず変化していることになる。

実際、リーダーの目に映るものはいつも新しい。すべてのリーダーは唯一無二の存在であり、彼をとりまく環境もひとつとして同じではないからだ。

シドニー・ポラックは、「リーダーシップは教えられるか」という質問にこう答えている。「反復可能な一定の不変要素に分解できないものを教えるのは困難です。たとえば、車の運転や飛行機の操縦なら、特定の操作を決まった順序でくりかえせば再現できる。でも、リーダーシップは芸術と同じで、毎回一からつくりなおさなければならないのです」

「リーダーは技師ではない」と、ロバート・ドクスンもいう。

つまり、映画監督にも銀行家にも創造性が必要なのだ。戦略的思考の裏では、非常に複雑で創造的なプロセスがはたらいている。人間の体内メカニズムと同じように、このプロセスも完全には説明できないが、基本的な流れはある。どんなに複雑なものも細かく分解し、核となる部分を抜きだせば、そこから普遍化していくことができる。

小説を書きはじめるときも、会社を立て直そうとするときも、最初のステップは終着点を明らかにすることだ。

山登りでも、登山者はまず目的地をさだめ、そこから逆算してスタート地点を決める。頂上さえ決まれば、そこにいたるすべてのルートが明らかになる。そのあと、それらのルートを修正し、組みあわせ、比較し、ひっくりかえし、イメージすることで、ひとつか二つのルートに絞りこむ。

第二段階では、各ルートを肉づけし、練りあげ、見直し、地図をおこす。そして、それぞれのルートのメリットだけでなく、考えられる落とし穴や罠もすべてリストアップする。第三段階では、自分が作成した地図を客観的に評価する。弱点を洗いだし、排除するか修正する。すべての作業が終わったら、ようやく登りはじめるのだ。

フランシス・ヘッセルバインとその夫は、ペンシルベニア州ジョンズタウンの出身だ。どちらの家族も四代にわたってこの町で暮らしていた。一家は地元で事業をいとなんでいたが、彼女は地元のガールスカウトでボランティアとして活動するかたわら、全国のガールスカウトの管理者トレーニングにも携わっていた。

あるとき、ヘッセルバインは地元のガールスカウトから暫定CEOになってほしいと頼まれ、それを引き受ける。そして六年後には全米ガールスカウト連盟のCEOに就任した。彼女は夫とともにニューヨークへ移り、それまでにつちかったノウハウを総動員して、ガールスカウトという巨大組織の立て直しにとりかかった。

「最初に取り組んだのは、大規模なプランニングシステムを構築し、プランニングとマネジメントを統合することでした。全国三三五の支部と中央本部が共有するシステムが完成したおかげで、六〇万人の成人ボランティアの力をむだなく活用できるようになりました。それに、このシステムのおかげで、組織全体にかつてない一体感と連帯感が生まれたと感じています。

プランニングシステムの導入は急務でした。ガールスカウトという巨大組織が機能するためには、ボランティアと現場スタッフと運営メンバーの役割を明らかにすること、そして現場の様子やニーズ、傾向に関する情報をもとに、中核メンバーが現状と課題を正確に把握できるようにすることが不可欠だったのです。

現在の会員数は三〇〇万人にのぼりますが、少女や保護者の声にはしっかりと耳をかたむけています。また、これまでのやり方を見直し、マイノリティのコミュニティにも接触できるようになりました。私たちは、マイノリティの少女たちにこう呼びかけています。『私たちは、あなたに価値あるものを提供したい。もちろん、あなたも価値あるものを私たちに提供できるのよ。私たちはあなたの価値観や文化に敬意をはらっています。ガールスカウトのハンドブックを開いてみて。あなたがたとえ少数民族の少女でも、きっと活躍できる場所が見つかるでしょう』

どの支部でも最高のスタッフが活躍してくれています。すばらしい仲間です。私の仕事はシステムを拡張し、みんながもっと自由に、もっと幅広い仕事ができるようにすることです。人間を小さな枠に閉じこめるようなやり方には、がまんがなりません。

人間は誰もが円環の中にいます。有機的な関係というのでしょうか。たとえば、私のまわりには、七つの小さな円があります。その外にはグループディレクターの円があり、さらにチームディレクターの円があります。どの円も、上下ではなく、むしろ左右に交差します。とても流動的で柔軟な関係なので、ピラミッド型の組織に慣れている人は適応するのに少し苦労するかもしれません。でも、このシステムは着実に成果をあげています。他の組織にも有料で提供しているくらいです。

このシステムが何よりすばらしいのは、アメリカのすべての少女が自分の活躍できる場所を見つけられることです」

戦略的に考え、その結果を行動に移すためには、ある程度のリスクも引き受けなければならない。しかし、作家のカルロス・カスタネダもこういっているではないか。「ありふれた人間と勇士の違いは何か。ありふれた人間はすべてを祝福か災厄と受けとめるが、勇士はすべてを試練と受けとめる」

自らすすんでリスクを引き受けないかぎり、人はルールに手足をしばられ、できるはずのことさえできなくなってしまう。誤った判断や行動は、ビジョンを実現し、成功に近づくための重要なステップでもあるのだ。

† 思考を統合する

これまで述べたような表現手段を組みあわせることで、リーダーはどんな難題にも対応できるようになる。

幼い子どもはたくまずに創造的なことをやってのけるが、これは年配の人々にもあてはまる。

小説家のカルロス・フエンテスは、次のように述べている。

「私は、若さとは齢を重ねることによって獲得されるものだと確信している。人間は若いころのほうが古くさくて愚かなものだ。これまでに出会った人の中で、もっとも若々しかったのは映画監督のルイス・ブニュエルだ。彼の最高傑作はいずれも、彼が六〇歳から八〇歳の間に撮影したものだ。ピアニストのアルトゥール・ルービンシュタインも、齢八〇になって才能を完成させ、ベートーベンやショパンが望んだとおりの音をかなでられるようになった。パブロ・ピカソのもっとも官能的で情熱的な作品は、彼が八〇代のときに描かれた。彼らはみな、若さを獲得した。八〇年という歳月をかけて若者になったのだ」

フエンテスがいわんとしているのは、たいていの人間は青年期に友人や家族や社会のプレッシャーにさらされ、自分を見失うということだろう。我々は集団に埋没し、自分自身よりも集団とつながり、集団に反応するようになる。その結果、何かを生みだす力を失う。創作というのは個人の領域に属するものであって、集団の領域に属するものではないからだ。

しかしリーダーたちは、早い段階で創造力を回復し、成長を続ける。成長という言葉を聞くと、つい身長や体重などを思い浮かべ、身体が成長をとめれば心の成長もとまると思ってしまう。しかし、本書に登場するリーダーたちが身をもって示しているように、知性や情緒の成長は、年とともに減速するとはかぎらないし、減速するべきではない。リーダーはその他大勢と違い、何かを知りたい、経験したいという欲求をいつまでも失わない。リーダーの世界が広がり、複雑になるとともに、リーダーがものごとを理解する方法も広がり、複雑になっていく。

そうした方法のひとつが弁証法的思考だ。これはソクラテス式問答法の変形で、現実を動的なものとみなし、異なるアイディアを結びつけ、統合することを目指す。吟味と観点を二本の角として、その間でバランスをとっているのが統合と考えてもよい。

フランシス・ヘッセルバインは、ガールスカウトでの仕事を次のように説明しているが、この言葉からは彼女が「統合」を実践しているのがわかるだろう。

「最初にしなければならないのは、仕事を整理する方法を考えることです。時間の管理や責任範囲の明確化といったことですね。二番目は、人々を抑えつけるのではなく、みちびく方法を学ぶこと。三番目は、自分を知り、使命感を持つこと。自分の使命をはっきりと理解し、自分の原則と組織の原則が一致していることを確認します。四番目は、リーダーとメンバーがすべきことを率先して行うこと。そして五番目は、ものごとをできるかぎり自由かつ柔軟にとらえ、仕事仲間が自分の能力を最大限に発揮できるようにすること。チームを信じているなら、仲間と彼らの潜在能力を信頼するべきです。仲間には多くを求めるべきですが、一貫性は保たなければなりません」

ジョン・スカリーは、統合こそマネジメントとリーダーシップをへだてるものだと考えている。

「リーダーシップは、よくマネジメントと混同されます。しかし、マネジメントに必要な技術はリーダーシップとはまったく違う。私の考えでは、リーダーシップは主にビジョンやアイディア、方向性といったものとかかわっています。日々の業務を管理するというよりは、方向性や目標の面で人々を奮起させることに近いのではないでしょうか。（中略）自分の能力以上のものを動員できないなら、リーダーになることはできません。（中略）チェックリストを手にトップダウンで指示をだすのはマネジメントです。リーダーはこんなことをしなくても人々をふるい立たせ、行動を促すことができる。それがリーダーシップです」

ヒューバート・H・ハンフリー公共政策大学院のロバート・テリー元理事は、リーダーシップを「世界と人類の現状に根本的かつ完全に参加すること」と定義している。この「参加」という考え方は、ロジャー・グールドの次の言葉にもあらわれている。「何度も吟味を重ねてビジョンを手に入れると、今度は思わぬ苦境に立たされます。リーダーであることを放棄できなくなるのです。そんなことをすれば、自分のビジョンを裏切ることになりますから」

これにはベティ・フリーダンも同意している。「私はニーズを発見すると、なんらかの手を打つべく人を集めます。『あなたが責任者よ』――いわば、これが私の信条なのです」

こうしたリーダーたちは、多くの才能をそなえているにもかかわらず、自分のことをソリストではなく、むしろ周囲の人と協調しながらものごとをなしとげる人間だと考えている。ロバート・ドクスンは次のように述べる。

「リーダーは人をみちびきますが、無理強いはしません。そして、いつでも人々を公平にあつかいます。（中略）ちまたでは、企業は株主に対してのみ責任を負っているという主張がまかり通っています。たしかに株主に対する責任はあるでしょう。しかし、社員や顧客や社会全体に対する責任もあるはずです。社会に対する責任を自覚していないとしたら、現代の私企業制度はどこかが間違っているのではないでしょうか」

赤十字の元CEOリチャード・シューバートも、リーダーは周囲とよい関係を築く必要があると考えている。

「リーダーとして成功するかどうかは、他者をどれだけひきつけ、やる気にさせることができるかどうかにかかっています。何よりも重要なのは、『おのれの欲するところを人にほどこせ』という黄金律です。リーダーは、相手が社員であろうと、顧客であろうと、上級副社長であろうと、自分ならこう接してもらいたいというやり方で相手と接します。被災地で活動している赤十字のスタッフの九六パーセントはボランティアです。もし、我々がしかるべき人々をひきつけ、意欲を持ってもらうことができないなら、赤十字の仕事は成り立たないでしょう」

これは非常に重要な考え方なので、第八章でも詳しくとりあげたいと思う。

仕事仲間を信頼するリーダーは、仕事仲間にも信頼される。いうまでもないが、信頼は獲得するものではなく、他者から与えられるものだ。リーダーシップの意味を考えれば、「相互信頼に立脚していないリーダーシップ」などありえない。

信頼は、信じることと疑うことのバランスのうえに成り立っている。リーダーは、常に自分自身、自分の能力、仕事仲間、そして全員が力をあわせることで生まれる可能性を信じている。その一方で、疑うことも忘れない。疑問を持ち、徹底的に調べ、証明し、それによって前進する。

これと同じように、リーダーとともに働く人々も、リーダーを信じ、自分を信じ、両者が力をあわせたときの力を信じる一方で、疑問を持ち、徹底的に調べ、証明し、ためさなければならない。

信じながらも疑うことを忘れず、相互信頼を維持すること――これはすべてのリーダーに求められる重要な仕事である。

「ビジョン」「インスピレーション」「共感」「信頼性」といったものには、リーダーの見識と品性があらわれる。カレッジの学長だったアルフレッド・ゴットシャルクは、次のように述べている。「品性はリーダーに不可欠のものであり、あらゆるものの基盤です。さらに、人に信頼してもらう能力、企業家的な才能、想像力、忍耐力、目標からぶれないことなども、リーダーに求められる資質といってよいでしょう。（中略）中でも品性と忍耐力と想像力は、リーダーシップには絶対に欠くことのできないものです」

アイルランドには、「おじいさんがどんなにノッポでも、孫は孫で成長しなければならない」ということわざがあるが、これはリーダーシップにもあてはまる。

本書に登場するリーダーたちは、自分の人生を、そして自分をとりまく環境を意識的につくりあげてきた。誰もが俳優でありながら劇作家である。ハンマーでありながら鉄床である。そして、それぞれのやり方で社会そのものを変革している。

自分を表現していく過程は、リーダーシップにいたるステップでもある。

①吟味から解決へ

②解決から観点へ

③観点から見解へ
④見解からテストと判定へ
⑤テストと判定から志へ
⑥志から熟達へ
⑦熟達から戦略的思考へ
⑧戦略的思考から豊かな自己表現へ
⑨多様な自己表現を統合する＝リーダーシップ

「何をするか」の前に「どうあるか」――それがリーダシップだ。リーダーがすることはすべて、その人自身の反映にすぎない。

こうして、リーダーの物語は次章「混乱をくぐり抜ける」につながる。

第七章

混乱をくぐり抜ける

何かを本当に理解したいなら、それを変えようとしてみることだ。

——クルト・レヴィン

リーダーは、リーダーである以上、当然のことながら改革者でもある。彼らは、誰もやったことのないことに挑戦し、誰もやっていないことをなしとげる。他者に先がけて行動し、新しいものを生みだし、古いものを一新する。過去から学び、片方の目で未来を見すえながら、今を生きる。

このすべてをやりとげるには、すでに述べてきたように、左脳と右脳の両方を使わなければならない。リーダーには、直感力、思考力、統合力、そして芸術的な感覚も必要なのだ。

ロバート・アブードは、シカゴの銀行でトップの座にあったとき、解雇をいいわたされた。その後アーマンド・ハマーの会社に移ったが、再び解雇の憂き目にあい、やがてファースト・ナショナル・バンクコープのCEOに迎えられる。

アブードは失敗を重ねながらも、ついに成功を手に入れた理由を尋ねられ、人気コメディ番組『アンディ・グリフィス・ショー』のセリフを引いて、こう答えている。

「あるとき、副官のバーニーがアンディ保安官に尋ねた。『正しい判断力とやらは、どうしたら身につくんですかね?』『経験から学ぶのではないかな』とアンディは答える。『どうやったら経験を積めるんです?』とくいさがるバーニーに、アンディはこういう。『まあ、ちょっとばかり荒波にもまれてみるんだな』。そして、肩をすくめてこう続けた。「私も荒波にもまれたというわけです」

アブードは、経験に打ちのめされる代わりに、経験から学んだ。経験を吟味し、理解し、活用した。リーダーは、実践を通じて学ぶ。問題の多いプロジェクト、システム化されていない仕事、初めての試み……、どれもリーダーにとっては学びの場だ。銀行を救済する方法を知りたいなら、実際に救済に取り組むほかない。そうすれば、その過程で起きるさまざまなできごとから学ぶことができる。

本章のテーマは、逆境から学ぶことではない。想定外のできごとから学ぶことだ。

† 現場で成長するということ

シドニー・ポラックは、自分が経験から学んだときのことをこうふり返る。

「初めて監督の仕事をしたときは、まるで監督を〝演じて〟いるようでした。監督業のいろはも知らなかったので、ほかにやりようがなかったんです。ただ、監督と呼ばれる人たちと仕事をしたことはあったので、監督がどんなものかというイメージはありました。監督らしく見せようと服装にも気をつかいましたよ。ええ、アウトドアルック風にきめてね。さすがにゲートルまでは巻きませんでしたが、近くにメガホンがあったら、間違いなくつかんでいたでしょう」

現在のポラックは、映画を撮るたびに新しい世界をつくりあげている。ひとつはスクリーンに映しだされる世界、もうひとつはカメラのうしろに広がる世界だ。「映画の撮影は、どこへ行っても一〇〇人から二〇〇人の大所帯になります。技師、デザイナー、大道具や小道具のスタッフ、そして単純労働を手伝ってくれる人たち。このような環境で効率よく仕事を進めるには、エゴの衝突を招く状況をつくらないことが肝心です。ふしぎなもので、こちらが参加を歓迎する態度を見せると、相手は無理に入りこもうとしなくなる。自分だけが取り残されてしまうのではないか

――この恐れがエゴの問題を悪化させ、衝突を生みだすのです」
さらに彼は、自分が学んだ教訓の中でもとくに重要だと思うものを教えてくれた。
「リーダーシップに関するインタビューには、リーダーシップのもっともむずかしいところや、もっとも面白いところは絶対に出てきません。出てくるのは具体的な話ばかり。責任は委譲しなければならないとか、部下が主体的に行動できるようにしようとか、部下を励まし、チャンスをつかめるようにするべきだとか……。でも、そんなことはいわれなくてもわかっている。私が思うに、リーダーシップの創造的な部分というのは、ある意味では芸術と同じです。要するに革新です。あらゆる創造的な活動がそうであるように、リーダーシップもある種の自由連想から生まれるのです」

リーダーシップを学ぶことは、ある面では変化に対処する方法を学ぶことだ。すでに見てきたように、リーダーは自分の哲学を組織に押しつけ（この言葉のもっともよい意味でだ）、組織文化をつくりあげる。あるいは、つくり変える。組織はリーダーの哲学に従って行動し、そのミッションを遂行する。やがて組織文化はひとり歩きを始め、「結果」ではなく「原因」になる。しかし、リーダー自身が成長をとめ、外部の変化に適応できなくなれば、組織は遅かれ早かれ立ち行かなくなるだろう。

いいかえれば、経験を糧に現場で成長する力こそ、リーダーの重要な才能なのだ。セオドア・ルーズベルトは、大統領になるまで「道化者」と呼ばれていた。彼のいとこにあたるフランクリン・D・ルーズベルトも、ジャーナリストのウォルター・リップマンから「大統領になりたがっている気のいい田舎地主」と切り捨てられていた。ところが、二人とも今では、アメリカが生んだ最高の大統領と見なされている。リーダーの能力は常に現場でためされ、現場で証明されるのだ。

科学評論家のジェイコブ・ブロノフスキーは、著書『人間の進歩』（文化放送開発センター出版局）の中で次のように述べている。「世界は、熟考ではなく、行動によってのみ把握しうることを我々は理解しなければならない。（中略）人間が進歩する過程で、もっとも大きな原動力となるのは〝自分の能力に対するよろこび〟だ。人間はうまくできることをやりたがる。そしてうまくやれれば、次はもっとうまくやろうとする」

リーダーは進歩しつづけるが、けっして満足しない。ギリシアの詩人アイスキュロスは、「知恵は苦悩と内省から生まれる」といったが、リーダーは、人生の根元的問題は解決しえないことを誰よりもよく知っている。それでも答えを追い求め、学びつづける。

リーダーは、リーダーシップを実践しながら学んでいく。とりわけ、障害に直面したときに多くを学ぶ。風雨が山をつくりあげるように、問題がリーダーをつくりあげる。やっかいな上司、ビジョンも道義心もない取締役会、どうにもならない事情、自分自身がおかした過ち……。リーダーシップの学校では、このすべてが必修科目になる。

コーン／フェリー・インターナショナルの共同創設者リチャード・フェリーも、いわば「泳ぎを覚えさせたいなら海に突き落とせ」派のひとりだ。「リーダーをつくることなど不可能です。

意思決定の方法ひとつとっても、どうやって教えるというのでしょうか？　できることがあるとすれば、すでにそなわっている才能を伸ばしてやることだけです。苦しい試練や現場での経験が人を育てるという考えを、私は心から信じています。工場に配置し、現場に立たせ、日本やヨーロッパに送りこむ――大事なのは現場に出してきたえることです」

ジェームズ・バークとホレス・ディーツの意見も、じつに明快だ。バークは、「経験を積み、試練をくぐり抜けるたびに、よいリーダーになる可能性も高まります」という。ディーツは全米退職者協会の常任理事だったころ、自分の仕事についてこう語った。「骨の折れる仕事です。賭けてもいいですが、この仕事は経験を通してしか学べません。本を読んでもだめなんです、実際にやってみなくては。リーダーシップをためす場所は、リーダーシップの実践の中にしかありません」

私がバーバラ・コーディと話をしたのは、彼女がちょうど苦い教訓を学んでいるときだった。「トライスターとコロンビアが合併した直後は、二つのテレビ部門に二人の社長がいる状況でした。どちらが去らなければならず、去ったのは私でした。それから三カ月、こんなに長く仕事をしなかったのは、この二五年で初めてのことです。本当に学びの三カ月間でした。変化と内省を経て、私は今ようやく、もう一度ビジネスの世界に飛びこんでみようという気持ちになりつつあります。（中略）

いろんな問題があって、あれこれと気をもんでいるときのほうが、一日の始まりの高揚感は大きいのではないでしょうか。心になんのさざなみも立たないとしたら、死んでいるも同然です。

（中略）なんの不安も感じなくなったとき、そのときこそ生活や仕事を変える時期なのです」

カレッジの名誉学長を務めるアルフレッド・ゴットシャルクも、逆境はまたとない学びの場だと主張する。「子どものころは何度も仕事を失いましたし、学校の成績も科目によっては惨憺たるものでした。でもおかげで、そんなことで世界は終わらないことがわかった。リーダーの成長過程では、逆境が大きな役割を果たします。逆境に置かれたリーダーには二つの選択肢がありま す。逆境にノックアウトされるか、それとも逆境をばねにもっと大きく、すばらしい人間になるか、です」

ゴットシャルクは、リーダーシップのリスクにも言及した。「今日の社会では、集団の先頭に立つことにはリスクが伴います。背後から撃たれるかもしれないし、誰かに足をすくわれるかもしれない。リーダーが失敗することを待ち望んでいる人さえいます。いずれにせよ、台座から転がり落ちるときは必ずくる。ひきずりおろされることもあれば、撃ち落とされることもあります。自分でばかなことをしでかすこともあれば、単純に消耗してしまうこともあるのです」

クリエイティブ・リーダーシップ研究所の行動科学者、マイケル・ロンバードとモーガン・マッコールが行った研究によれば、逆境は幸運と同じくらい偶発的で、幸運と同じくらい広く見られるという。彼らが、約一〇〇人の企業幹部にインタビューを行った結果、ほとんどの人が「予想外のものを発見する能力」を持っていること、そして同じような経験を経て現在の地位についたことがわかった。その経験には、幸運だけでなく、仕事上の大きな変化や深刻な問題もふくまれる。たとえば失敗、降格、昇進話の頓挫、海外赴任、ゼロからの新規事業開発、企業合併、買収、大規模な組織改変、社内政治などだ。

これらの結果から、二人は四つの結論をみちびきだした。

①逆境には、教訓がふくまれている。
②成功するトップは、問いかけることをやめない。
③経験から学ぶことが、出世競争を有利に進めるポイントになる。
④成功するトップは、あいまいな状況に置かれても泰然としていられる能力を、キャリアの早い段階で身につける。

一八一七年、詩人のジョン・キーツは、弟たちにあてた手紙の中で、真の偉業を達成するには「消極的な受容能力」が欠かせないと書いた。彼はこの能力を「不確かさ、謎、疑いのただ中にあっても、性急に事実や原因をとらえようとせず、その中にとどまっていることのできる能力」と説明している。現代のリーダーの定義として、これにまさるものはないだろう。

市民団体コモンコーズの創設者で、保健教育厚生省（ＨＥＷ）の長官でもあった故ジョン・ガードナーは、リーダーシップの主な障害として、水面下で進行する四つの危機をあげている。それは、「組織の大型化と複雑化」「分業の進行」「リーダーを批判する雰囲気の高まり」「さまざまな面で厳しさを増す社会」だ。

ノーマン・リアも、リーダーシップには障害がつきものだと考えている。

「有能なリーダーは、部下を正しい方向にみちびくだけでなく、行く手にどんな障害が待ち受けていようと（一本の木であれ、視界をさえぎるようなビルであれ）、回避できることを周囲に納得させなければなりません。たとえ目標の達成を阻むものが目の前に立ちはだかっていたとしても、リーダーはくじけてはならないのです。

どの道にも、落とし穴や地雷はあります。それを越えて前に進むためには、自ら障害に近づき、その正体を見きわめるほかない。それが一本の木であれなんであれ、乗り越えられないものではないことを確認するのです。どんな道も、宝の道です」

どんな道も、宝の道――。それは、逆境や想定外のできごとこそ、貴重な学びの機会になることを意味している。この点には、私が話をしたほぼすべてのリーダーが同意するだろう。

†やっかいな上司、悪い上司

多くのリーダーは、やっかいな上司はもちろん、悪い上司からも貴重な教訓を学んでいる。両者はどう違うのか。悪い上司はしてはならないことを部下に教えるが、やっかいな上司が教えるものはもっと複雑だ。やっかいな上司は挑発的で、気むずかしく、威圧的で、ごう慢で、唐突で、気まぐれだが、部下を啓発し、ビジョンを与え、ときには思いやることさえある。

このタイプの上司の典型が、メディア王のロバート・マクスウェルだ。マクスウェルはすばらしい洞察力の持ち主だった（もっとも、一九九一年に謎の死をとげたのち、とんだ詐欺師だったことも明らかになった）が、ある番組のインタビューで、前述したような欠点をすべて持っていることを認めている。空港に迎えにくるのを忘れたという理由で息子をクビにし、その六カ月後に再雇用したこともあったという。

アン・ブライアントは、やっかいな上司とのエピソードを語ってくれた。「以前、ある女性の下で働いたことがあります。敏腕であこがれの女性でしたが、いつも他人のあら探しをしていたので、優秀な部下を何人も失うことになりました。刺激的で、頭がよくて、先見の明があって、組織を大きく変えたのは事実ですが、上司としてはいただけなかった。彼女は私に、あるときは教師として、またあるときは反面教師として多くのことを教えてくれました。強い人なら、悪い上司からも学ぶことができます。でも、それほど強くない人は苦労するでしょう」

バーバラ・コーディは、悪い上司とやっかいな上司の例をあげてくれた。

「私は悪いリーダーからも非常に重要なことを学んだと思っています。悪い上司にあたるのは、『自分が親だったら、子どもをこんなふうにはあつかわない』といいたくなるような親を持つのに似ています。（中略）

ずいぶん前のことですが、ニューヨークにいたころ、ひどい上司にあたりました。部下を心身ともに傷つけるような人間で、相手の胸ぐらをつかみ、壁に押しつけ、罵倒《ばとう》することもありました。そんなときはきまって、あとでその部下の給料袋に五〇ドルをねじこむんです。そんな職場でしたから、会社に忠誠心を持つ人はいませんでしたし、よい仕事が生まれるはずもありませんでした。私は、彼とは真逆のことをするようになりました。（中略）

私とバーバラ・アヴェドンは、とても有名で優秀なプロデューサーと仕事をしたことがあります。彼は妻とうまくいってなくて、夜になってもなかなか家に帰ろうとしませんでした。これが何を意味するかわかりますか？　そう、とんでもない時間まで働かされるのです。深夜だろうが、週末だろうがおかまいなし。あちらはかえりみる家庭がないのですから勝手なものです。この経験から、自分のライフスタイルや私生活を部下に押しつけてはならないということを学びました。（中略）この業界で私の名前が少しは知られるようになったとすれば、それは過去に一緒に仕事をした人たちが、また一緒に働きたいと思ってくれるからではないでしょうか」

ラッキーストアの元CEOドン・リッチーは、やっかいな上司を次のように表現する。「そういう上司に出会うと、自分の信念がおおいにためされます。自分は何をやりたくないのか、何に賛同できないのかがよくわかるのです。一度、残るか辞めるかの二者択一を迫られたことがあります。結局は会社を辞め、大学に戻って新しいキャリアを積むことにしたのですが、二、三年後にその上司が会社を去ったので元の職場に戻り、最終的にはCEOになりました」

リッチーはすばらしい上司と仕事をしたこともあるが、決定的な影響をおよぼしたのは、このやっかいな上司だったという。

では、もし上司が気の弱い人間だったらどうするか。その場合リーダー候補生は、「上司を管理する」ことも学ばなければならないだろう。

シャーリー・ハフステッドラーはいう。「誰かの面倒をみるより、誰かに面倒をみてもらいたい――本心ではそんなふうに思っている人もいます。こういう上司は、部下が自分に気をつかってくれることを期待します。この手の性格や傾向は、危機的状況に追いこまれないかぎり変わりません。危機的状況というのは、大病をわずらうとか、生命にかかわる事態に遭遇するとか、大切な人を失うとか、財産を失うといったことです」

これらの話を総合すると、リーダーシップを効率よく学ぶための理想の上司とは、「いくつかの大きな欠点は持っているが、基本的にはよい上司」ということになるだろう。このような上司の下で働くと、すべきこととすべきでないことを同時に学ぶことができる。

アーネスト・ヘミングウェイは、「世界はあらゆる人間をたたきのめそうとするが、それに耐えた者はさらに強くなる」と書いた。これはリーダーにもあてはまる。たたきのめされても再び立ち上がる力のある者だけが偉業をなしとげ、ビジョンを実現するのだ。

ロバート・ドクスンは、バンク・オブ・アメリカを解雇されたときのことを、「あれは私の人生に起きたことの中でも、最高の経験のひとつでした。立ち直ることさえできれば、どんな経験からも多くを学べるのです」と語っている。

マチルド・クリムは、もっと深淵で個人的な障害を乗り越えた。この高名な科学者にして活動家の女性は、「自分はどこか他の人と違うのではないか——どこに行っても、そんな気持ちを抱えていました」という。

私は、「ワレンダ要因」のことを思いださずにはいられない。一九七八年、有名な綱渡り師だったカール・ワレンダは、それまでのもっとも危険な綱渡りに挑戦し、途中で落下して死亡した。同じ綱渡り師だった妻はこういったという。「本番の何カ月も前から、あの人は落ちることばかり考えていました。これまではそんなこと考えたこともなかったのに、あのときだけは綱を渡りきることではなく、綱から落ちないことにすべてのエネルギーをそそいでいるように見えたのです」。失敗に意識を向けているかぎり、成功することはできない。

ジェームズ・バークは、一九八〇年代初頭に「タイレノール危機」ともいうべき深刻な事態に直面した。アメリカ中を探しても、これほどの経験をしたリーダーはいないだろう。少なくとも、私が話をしたリーダーの中にはいない。この惨事は、ジョンソン&ジョンソンを歴史から葬り去る可能性さえあったが、同社とバークはみごとに危機を乗り越え、以前よりも強く、賢明になって復活した。

ことの始まりは、家庭用鎮痛剤のタイレノールに何者かが毒物を混入し、数人が死亡したことだった。このニュースは野火のように全米に燃え広がった。誰が、なんのために、何箱に毒を混入したのか。報道は過熱の一途をたどり、アメリカ全土を恐怖のどん底に陥れた。

このときすぐに行動を起こし、対応の陣頭指揮にあたったのがバークだった。「それが私の仕事であることも、自分にはそれができることもわかっていました」とバークはいう。「私は三つのチームを編成しました。最初のチームは会社の観点から状況を調べ、二つ目のチームは製品の観点から状況を調べ、最後のチームはテレビカメラを通して、消費者に語りかけました。私は毎晩、ビデオテープを自宅に持ち帰ってチェックしました。他の幹部も同じです。テープを通して消費者の声を聞き、姿を見ることで、彼らの感情や反応をつかもうとしたのです。

市場調査やマーケティングの知識はありましたし、メディアのことも理解していました。ニュース番組はいつも観ていたし、ネットワーク局の人間とも何度か仕事をしたことがありました。

ニュース番組のトップともつきあいがあったので、誰に電話をかけ、どんなふうに話せばよいかもわかっていました。テレビ局に出向くのは気がすすみませんでしたが、正しい情報を提供し、責任ある態度で報道してもらう必要がありました。長い目でみれば、消費者はタイレノールとジョンソン&ジョンソンだけでなく、市販薬の販売方法そのものに関しても正しい判断を下してくれる――そう信じていたのです。

当時は毎日、この部屋に一二時間こもり、あらゆる人にアドバイスを求めました。このような問題に対処したことのある人など、どこにもいなかったからです。まさに、未知のできごとでした。

そのころ、息子が面白いことをいいました。『父さんには心から信じている人生哲学があって、それが晴天の霹靂《へきれき》のように起きたこの事件によってためされているんだね。父さんのこれまでの経験がユニークな形で活かされているんだ』。私は何人もの優秀な部下から、あなたのやり方にはついていけないといわれていました。でもここにひとりだけ、支持してくれる人物がいたのです。

悪いのは我々ではないことはわかっていましたし、世界が公正な場所であることも信じていたので、自分たちは公正にあつかわれるはずだと確信していました。でも、報道番組『60ミニッツ』に出演することを決めたときは、広報の責任者から、そんな番組に出るなど、会社始まって以来の最悪の判断だとなじられました。彼は会社をそんなリスクにさらすのは無責任きわまるといい捨てると、乱暴にドアを閉めて部屋から出ていきました。

『60ミニッツ』の記者だったマイク・ウォレスとは、二人きりではありませんが、何年か前に会ったことがありました。スタジオでは番組プロデューサーとも会いました。これがなんとも手ごわい男でね。昔は検察官だったらしいのですが、そのときのふるまいも検察官そのものでした。でも、とにかく誠実に話すこと――それさえできればうまくいくと思えました。そして、撮影はそのとおりに進みました。番組の放映後に調査をしたところ、この番組を観た人は観なかった人の五倍以上も当社の製品を購入する傾向があることがわかりました。トーク番組『ドナヒュー』にも出演しました。司会のフィル・ドナヒューは非常に協力的で、ずいぶん助けてもらったものです。

何もかもうまくいったのは、『この会社にははかりしれない強さがある。ただ活用されてこなかっただけだ』ということを、私自身が確信していたからだと思います。全国の医師に電話をかけ、タイレノールに関する意見も聞きました。社内には、精神力をふくめ、必要なものはすべてそろっていました。タイレノールのパッケージも一新しました。通常なら二年はかかるところを、このときはほぼ一晩でやりとげたのです。でも、何よりも重要なのは、消費者を最優先に考えていたことでしょう。消費者にはすべての情報を開示し、最大限の誠意で対応しました。『誠実にことにあたるなら必ずうまくいく』という私の信条は、この一件でさらに確固たるものになりました。

対応に追われている間はジャンクフードしか食べず、睡眠も日に三、四時間しかとりませんでしたが、まったく気になりませんでした。非常時には身体からふしぎな力が湧いてくるというのは本当です。一連の対応が効果をあげているという実感があったことも、活力源になっていたのでしょう。我々はタイレノールというブランドを救うことができると確信していました。そして、実際そうなったのです」

一九八八年六月、バークは「フォーチュン」の表紙を飾り、改革者をテーマとする特集記事にとりあげられた。彼がなしとげたことは、この賛辞に大いに値するものだった。

リーダーは経験を知恵に変え、組織の文化を変える。そうすることで社会そのものを変えていく。その道のりは整然と進むわけではないし、必ずしも論理的ともいえない。しかし、それ以外に道はないのだ。

チェロの名手で、南カリフォルニア大学（USC）で教鞭をとったこともあるリン・ハレルは、「オベーション」に次のような文章を寄せている。

「ああ、魔法を教えることなどほとんど不可能なのだ。USCの私のクラスに集う優秀な一二人の生徒を前にして、私はいつも定義しえないものを定義しようとむなしく言葉を探している。（中略）しかし、結局は生徒たちもオーケストラの一員となって、自ら経験してみるほかないのだ。（オーケストラの）魔法に代わるものなど存在しない。だからこそ、私は生徒たちが身を隠し、目をそむけ、この経験から逃れようとするのを察知すると、番犬のごとくうなり声をあげてしまう。（中略）まだ自分を守る殻を持たず、凡庸に堕《だ》していなかった若き日——こんなふうに世界に自分を開いていたころの感覚を私はまだ覚えている」

経験には知恵だけでなく、魔法も宿る。ストレスや試練や逆境を伴う経験なら、さらに多くの魔法と知恵が宿るだろう。危機は、往々にしてリーダーシップを育む。それは九・一一がルドルフ・ジュリアーニをどう変えたかをみれば明らかだ。

ニューヨークがテロリストの標的となるまで、ジュリアーニは思いやりよりも図太さで知られる死に体の市長にすぎなかった。元妻ドナ・ハノーバーとの泥沼の離婚劇も、彼の評判に傷をつけた。しかし、ニューヨークを襲ったテロの悲劇は、ジュリアーニが真のリーダーであることを世界に見せつけた。

彼は「屈することのない勇敢なニューヨーク」というビジョンを打ちだし、そのビジョンは惨劇に打ちのめされたニューヨーク市民をなぐさめ、ふるい立たせた。ツインタワーが崩落してから のジュリアーニは、誠実で精力的な態度を貫き、大小を問わず、あらゆることがらを巧みに処理していった。グラウンド・ゼロからセレブリティをしめだし、消防士の父や兄弟をテロで失った花嫁のために、ともにバージンロードを歩くことさえあった。

ロンドン大空襲の混乱がチャーチルの中のリーダーを呼び覚ましたように、九・一一の混乱は、メディアの言葉を借りるなら、ジュリアーニが「野球帽をかぶったチャーチル」となることを可能にしたのである。

第八章

人を味方につける

友よ、今一度、あの突破口を目指そう、今一度（中略）。魂のおもむくままに突き進め。そして、突撃しながらこう叫ぶのだ。「神よ、ハリーに味方したまえ。聖ジョージよ、イングランドを守りたまえ！」

――ウィリアム・シェイクスピア『ヘンリー五世』

何が人を「突破口」へと駆りたてるのか。シェイクスピアほど雄弁ではないリーダーでも、そのあとをついていってしまうのはなぜか。カリスマ的だから、という人もいるが、これはもっと複雑な問題だと思う。私は、お世辞にもカリスマとはいえないリーダーにもたくさん会ってきたが、彼らは人もうらやむような信頼と忠誠を仕事仲間から捧げられていた。彼らは、人を味方につける能力を使って組織の文化を変革し、ビジョンを実現していた。

この中には、第一章に登場したエドはふくまれない。私が最初にエドに会ったとき、周囲が問題視していたのは彼の対人能力だった。もちろん、最終的に問題の根はもっと深いことがわかったのだが、リーダーシップを考えるうえで、「対人能力」はもっと注目されていい資質だと思う。

この能力は、ある程度は教わることができる。だが、一から学ぶことができるかといわれると自信がない。カリスマ性と同様、共感能力もあるかないかのどちらかだ。すぐれたリーダーは、共感能力をそなえていることが多い。

この点について、マーティン・キャプランはこう述べている。「この特質をまったく持っていないリーダーも大勢知っていますが、私が感動し、啓発されるのは、こうした資質をそなえているリーダーです」。ただし、グロリア・スタイネムのように、「共感するのはへたでも、優秀な人はたくさんいます」という意見もある。

バーバラ・コーディは、CBSの経営に携わっていたころ、共感能力を仕事にも活用していたという。コーディの考えでは、これはきわめて女性的な能力だ。

「女性は概して、男性とは違う形で『力』をとらえているのではないでしょうか。私は自分のための力、とくに他者を支配する力を欲しいとは思いません。私が欲しいのはビジネスを成功させる力、働きやすい職場をつくる力です。（中略）

女性は母として、妻として、そして娘として人の世話をしてきました。これまでの人生をふり返っても、自分の面倒をみてくれた人の多くは女性です。ビジネスの世界で成功したとしても、女性は人の世話をしつづけます。それが自然なことと思えるのです。

私は、仕事仲間の夫や妻、あるいは子どもの名前も知っています。家族の誰が病気で苦しんでいるのか、何を尋ねればよいのかも承知しています。そのことに、いつも満足感と幸福と誇りを感じてきました。私にとってこれは、仕事を進めるうえでとても大切なことなのです。スタッフも、こうした姿勢を評価してくれていると思います。それが、ここで忠実に心をこめて働く理由にもなっているのではないでしょうか」

共感について語るのは、女性リーダーだけではない。たとえば、ハーブ・アルパートは次のように述べている。「アーティストと仕事をするときは、彼らの感情やニーズに敏感になって、考えを自由に口にできる機会をつくることが重要です。そうすれば、彼らはときには不満を訴え、ときにはすばらしいアイディアを共有してくれるでしょう」

共感を必要としているのは、アーティストだけではない。ラッキーストアの元CEOドン・リッチーは次のように語る。

「仕事をしていて、もっともやる気が湧いてくるのは、仕事仲間、とくに上司が、自分の存在だけでなく、自分がしていることを熟知していて、毎日のようにかかわってくれるときです。自分と上司はパートナーで、力をあわせていい仕事をしようとしている——そう思えるとき、あるいは問題が起きても犯人探しをするのではなく、解決策を探ろうという雰囲気があるとき、社員は奮起するのだと思います」

もちろん、共感さえできれば人を味方につけることができるわけではない。ロジャー・グールドは、メンバーを支配することなくリーダーシップを発揮したときの経験を教えてくれた。

「一匹狼のように生きてきた私ですが、UCLA（カリフォルニア大学ロサンゼルス校）の付属病院で外来診療の責任者を任されたときは、『コンセンサス・リーダーシップ』ともいうべきものを生みだしました。つまり、グループで問題解決にあたるのです。問題や不満が出てきたら全員で共有し、すぐに対処する。私がボスだからといって、私だけが責任をとるわけではありません。そもそも、そんなことは不可能です。組織が難局に直面しているなら、打開策は全員で探る必要があります」

† 人を味方につける人の条件

リーダーは、なぜ人を味方につけなければならないのか。その理由を、シドニー・ポラックはこう説明する。

「恐ろしい話ですが、相手の恐怖心を利用したり、脅迫したりすれば、ある程度は人を動かすことができます。脅したり、義務感を持たせたりすることで服従させるのです。中には、相手に罪の意識を植えつけることでリーダーになる人もいます。社会を見わたせば、恐れや依存や罪の意識に立脚したリーダーシップの例はいくらでもあります。海軍の新兵トレーニングなどはその典型でしょう。問題は、こんなやり方で相手を服従させても、必ず恨みを残すということです。意のままに動かしたつもりでも、結局は大きな抵抗や逆流を生みだすのです。

私たちは、もっと前向きな理由で他者についていくこともあるはずです。たとえば、相手のことを心から信頼している場合。あるいはもっと利己的に、その人についていくことが最善の選択肢だと思える場合。後者の場合は、自分についてくるメリットをはっきりと示さなければなりません。給料では意味がありませんが、『新しい知識の習得』であればよいでしょう。『この映画に参加すれば、他の映画の仕事をするよりも多くのことを学べますよ』という具合に。なんにせよ、各自が意欲を持って参加できるようにすることが大切です」

バーバラ・コーディも、同じようなことをいっている。「人を味方につけるには、精神的なものやチームの雰囲気が大切です。通説とは異なりますが、私はメンバーが競いあう状況をつくらないことが重要だと思っています。社員を競わせてもいいことはありません。どの職場でも、私は会社や番組やスタッフから社内政治を排除することに力を注いできました。私自身、恐怖政治がまかりとおっている職場でいい仕事ができたためしはありません」

CEO経験者のドン・リッチーも同意見だ。

「人間にむりやり何かをやらせることはできないというのは、リーダーが肝に銘じておくべきことのひとつです。行動は、常に自発的なものでなければなりません。もっとも、先頭に立っているリーダーが尊敬でき、会社に対してなんらかのビジョンを持っていることがわかっているなら、たいていの社員は自発的に行動するものです。(中略)リーダーになる方法といわれても妙案は浮かびませんが、ついていきたいと思ってくれる人がいないかぎり、リーダーになれないことはたしかです」

グロリア・スタイネムは、人を味方につける能力こそ、運動組織のリーダーと企業のリーダーを分けるものだと考えている(ただし、ビジネスの世界にもこの能力をそなえたリーダーがいることは、彼女も認めている)。

「運動組織のリーダーに求められるのは、命令を下すことではなく人々を説得することです。運動組織に指揮台はありません。運動を成功させるために必要なのは、人々を啓発し、連帯させる表現を見つけることです。

運動は一個の団体ではなく、多様な個人が推進するものでなければなりません。たとえば、私たちが『生殖の自由』という表現を広めるまで、世間では『人口調節』という言葉が用いられていました。でも、この言葉は分裂を招いた。貧困層や特定の人種グループに属する人々が、この言葉は自分たちに向けられていると感じたからです。問題は表現にありました。『人口調節』という言葉は、決定権は自分ではなく、第三者にあることを示唆しています。それに対して、『生殖の自由』という言葉は、個人に決定権があることを示している。この表現が登場したおかげで、連帯が可能になったのです。(中略)

私のいうことをなんでもハイハイと聞いてくれる人など存在しません。ただのひとりもね。私のアシスタントだって、私を盲信するような愚かなまねはしない。私にあるのは人を説得する力だけです。人を啓発する力、といってもよいでしょう」

地位ではなく言葉で人をみちびくという発想は、ベティ・フリーダンの口からも聞かれた。

「組織のトップに立ちたいと思ったことはありません。話をするだけでも影響力は発揮できます。社長になる必要はないのです。

たとえば先日、女性教職員がわずか二パーセントという大学で講演をしたときは、会場を埋めつくす聴衆に向かって、次のような言葉を投げかけました。『この大学では、どういうわけか時がとまってしまったようです』。そして数字を読みあげ、こういいました。『この大学が、まだ集団訴訟を起こされたことがないというのは驚きです』。会場に緊張が走ったのがわかりましたが、私はさらに続けました。『レーガン政権の誕生から八年、差別にかかわる法律はまだ施行されていませんが、公民権回復条令は存在します。そう考えると、みなさんは非常にあやうい立場にあるといわざるをえない。この大学は、財政の半分以上を連邦政府資金に依存しているのですから。以上、老婆心ながら申し上げました。お気をつけください』。講演はその後も続きましたが、あの会場で何かが起きたことはたしかです。私はこの一〇年間、どんな組織のトップも務めていませんが、それはそうする必要がないからです」

言葉によるリーダーシップを支えているものは信頼だ。信頼は人を味方につけるだけでなく、その関係を維持するうえでも大きな役割を果たす。

信頼を生み、それを維持するリーダーには、次の四つの要素がそなわっている。

①「一貫性」。リーダーはときに意外な事態に見まわれるが、リーダー自身が組織を驚かせることはない。リーダーは常に首尾一貫しており、初志貫徹をモットーとする。

②「言行一致」。リーダーはいったことを実行する。真のリーダーは、自分が支持する理論のとおりに生きている。

③「頼りがい」。リーダーは重要なときにいるべき場所にいる。ここぞというときには、いつでも仲間を支援する準備がある。

④「誠実さ」。リーダーは、過去に誓ったことや約束したことを必ず守る。

この四要素を満たすリーダーは、人を味方につけることができる。くりかえすが、これらの要素を教わることはできない。自ら学んで身につけるほかないのだ。

フランシス・ヘッセルバインは、ガールスカウトでの仕事をこう語っている。

「約束は守ってきたと思います。スタッフにはビジョンや組織の将来像はもちろん、私が彼らに敬意を払っていることも伝えてきました。誠実さは人間にも組織にも必要です。

私は現状に満足しません。常に改善点を探し、どんなことでも最高のレベルを目指します。組織の舵をとるのは、優秀なマネジャーになるためではありません。ミッションを果たすためです。

特定の個人をもちあげるようなやり方には反対です。一人ひとりが得意分野を見つけ、自分の力をのびのびと発揮できるようにすることが大切なのではないでしょうか。私たちの目はいつでも会員にそそがれています。会員に奉仕し、組織と六〇万人のボランティアに活躍の場を提供することが、私たちの務めです。

私たちは今、とても刺激的な時代を生きています。これまでの学習は、教室など特定の場所で行われてきました。ところが今は、トラブルや課題を抱えている場所が『教室』になりつつある。問題をチャンスに変えて、生かせるようになったのです」

一九八〇年代末、赤十字のCEOだったリチャード・シューバートは、この旧態依然とした組織を言葉の力で改革した。当時の赤十字にとって、それは革命ともいうべき変化だった。

「ベスレヘム・スチールの経営より、赤十字を運営するほうがたいへんです。第一に、ここでは万事をガラス張りで進めなければなりません。第二に、ほとんどの活動にボランティアがかかわっています。第三に、組織の性質上いつでもリーダーシップが求められます。管理するだけでなく、人々を引っぱっていかなければならないのです。現場に行くことも多いですよ。私の仕事には、赤十字が支援している人々を知り、彼らの目に私たちがどう映っているかを理解することが重要だからです。赤十字の国際性にも常に留意しています。

各支部が提供するサービスは、基本的に二つあります。ひとつは災害救護活動、もうひとつは世界中で活動している軍関係者の家族の支援です。私は、これに新たな重点分野を設けました。赤十字は緊急事態に特化した組織であるということを明確にして、地域のニーズは各支部が判断するようにしたのです。この変更に伴い、保健福祉関連のサービスは今後、各支部から提供されるようになるでしょう」

運動組織やボランティアとかかわるリーダーには、言葉を使って人々をみちびくことが欠かせないが、共感と信頼によって他者を啓発し、説得する能力は、どんな組織にも存在しうるし、存在するべきだ。

ハーマン・ミラーのCEOマックス・デプリーは、著書『響き合うリーダーシップ』(小社刊)の中で、次のように述べている。

「どんな組織でも、最高の人材はボランティアに似ている。どこに行っても引く手あまたの彼らは、給料や肩書きといったものでは動かない。ボランティアに必要なのは契約ではなく誓約だ。(中略)

誓約にもとづく関係は、人々を束縛するのではなく自由にする。アイディア、課題、価値観、目標、管理のプロセスは共有され、行動の規範となる。このような関係には、愛情、思いやり、意気投合といった言葉が似あう。誓約にもとづく関係は(中略)人間の奥底にあるニーズを満たし、仕事を有意義で充実感あふれるものにしてくれる」

イギリスの哲学者アイザイア・バーリンは、「狐はたくさんのことを知っているが、ハリネズミは大きなことをひとつだけ知っている」といった。リーダーは狐でもあり、ハリネズミでもある。彼らは自分の仕事や職業に精通し、日々の業務を的確にこなすだけでなく、対人能力のような基本的能力も身につけている。部下や社外の仲間とよい関係を築き、その関係を維持できる。組織の価値や目的を理解しているだけでなく、それを言葉にして外の世界にはっきりと示すことができる。人に信頼されるが、その信頼を悪用することはない。

ドン・リッチーはこう語る。

「リーダーは自分のしていることがわかっている――そうメンバーに信じてもらうことは重要です。一方のリーダーも、メンバーは自分のしていることがわかっていると信じ、彼らへの信頼を伝えなければなりません。仕事仲間と話をするときは、私はいつも少し余分に時間をとって、用件以外のことも伝えるようにしてきました。（中略）

人と接するときは、あくまでも正直であることです。ずるがしこく立ちまわる必要はないし、こびを売ることもありません。ゆめゆめ人を操作できるなどと思わないように。全員をスターのようにあつかえとか、人のやることなすことすべてに同意しろとかいっているわけではありません。ただ、人間関係は常に真摯なものでなければならないと思うのです」

つまるところ、仕事仲間を奮起させられるかどうかは、リーダーが自分自身を理解しているかどうか、仕事仲間の要求や要望を理解しているかどうかにかかっている。もちろん、ヘッセルバインがいうところの「ミッション」も理解していなければならない。

すぐれたリーダーは、能力とビジョンと美徳をほぼ完璧なバランスでそなえている。ビジョンと美徳を伴わない能力や知識は、官僚を生みだす。ビジョンと知識を伴わない美徳は、空論家を生みだす。そして、美徳と知識を伴わないビジョンは、扇動家を生みだす。

ピーター・ドラッカーが指摘しているように、リーダーシップの主たる目的は、人々が共通の目標に向かって一丸となって働く共同体をつくりだすことだ。組織やリーダーは、いやおうなく人間の本性と向きあう。価値観、参加意識、信念、さらには情熱といったものが組織に欠かせないのはそのためだ。モノではなく人間を相手にする以上、価値観や参加や信念を伴わないリーダーシップは必ず非人間的で有害なものとなる。

とくに現代のような変化の激しい時代には、リーダーが明快な針路をとり、そこからぶれないことがとても重要になる。リーダーは未来を予見し、未来にそなえつつも、世界のあいまいさを受け入れ、目の前の状況に対処する。それは、組織のミッションをたえず表現し、説明し、拡張し、拡大し、必要であれば修正することを意味する。

リーダーが目指すのは、未来を生みだす理想的なプロセスをつくりあげることなのだ。

†「短期的思考」を脱し「誠実さ」を求める

今日のリーダーが直面している大きな試練といえば、企業による不正行為の蔓延だろう。それは企業の不祥事が毎日のように報じられていることからも明らかだ。組織を束ねる人間に、誠実さも確固とした倫理観もないと感じたとき、人は組織への信頼を失う。

リーダーが共感能力や信頼性をそなえているかどうかは、組織の倫理規定はもちろん、組織文化にも反映される。エンロンが企業腐敗の代名詞となるはるか前から、「職業倫理の欠如は、拝金主義を見逃すどころか促進してきたビジネス環境と関係がある」と指摘する研究結果があった。

一九八〇年代末にピッツバーグ大学のウィリアム・フレデリックが行った古典的な研究では、

皮肉にも倫理規定を定めている企業のほうが、定めていない企業よりも当局に出頭を求められることが多いことが明らかになった。なぜか。企業の倫理規定はあくまでもバランスシートを改善するために設けられていることが多いからだ。マリリン・キャッシュ・マシューズは、ワシントン州立大学での研究をもとに、こうした倫理規定の四分の三が環境保護や製品の安全性といった問題に目を向けていないことを指摘した。「これらの規定がいましめているのは、自社に対する背信行為であって、企業自身がおかす不法行為ではない」というマシューズの結論は、今日の状況にも十分あてはまるだろう。

ウィリアム・フレデリックが、ピッツバーグで働く二〇〇人以上の管理職を対象に実施した個人の価値観に関する調査では、「企業の要求が個人の価値観を圧迫している」ことがわかった。彼が約六〇〇〇人の管理職を対象に行った別の調査では、インタビューを受けた管理職の約七割が「会社の価値基準に従う必要性を感じ、雇用主のために自分の倫理観を曲げたことが何度もある」と答えたという。会社が押しつけてくるあやしげな倫理を管理職が拒否できていたら、ワールドコムやイムクローンのような事態は起きていなかったにちがいない。

企業倫理の低下を招いたものは、利益至上主義にほかならない。ノーマン・リアは、この手の思考を次のように糾弾する。「文化に大きな影響を与えるものは、時代によって変わります。それは教会だったこともあれば、学校や家庭だったこともある。でも、現在の文化にもっとも大きな影響を与えているものはビジネスでしょう。ビジネス特有の短期的思考は、文化のあらゆる側面に影響をおよぼしています。このような思考が現代社会を動かし、子どもたちに人生は勝つか負けるかだと信じこませようとしているのです。（中略）短期的思考こそ、現代社会の病理です」

他のリーダーもリアと同意見だ。法の網をくぐり抜け、役人を買収するためについやされている時間と注意力を製品の品質向上にふり向ければ、企業の業績はもっと上がるはずだと彼らは口をそろえる。

企業倫理と業績の関連性はまだ明らかになっていない。無関係とする研究結果も多いが、ジェームズ・バークは「倫理的な企業は好業績を維持できる」と主張する。その実例が、彼がトップに立っていたころのジョンソン&ジョンソンだ。「自分が重視している資質をそなえた人材が、自然に集まってくるような文化をつくるのは不可能ではありません。それをリーダーシップと呼んでもいいでしょう。あるいは好ましい文化をつくりあげ、ビジョンをはっきり示すことだといってもいいかもしれません」

ラッキーストアの元CEOドン・リッチーも、こう指摘している。

「人間というのは、基本的には倫理的でありたいと願っているのではないでしょうか。黄金律の哲学というのかな、自分がそうしてほしいと思うことを人にもすることが大切なんです。

あのリーダーは口先ではなく、本心からのものをいっていて、しかも言葉どおりに行動している——そう信じることができれば、日和見的な態度をとる人はいなくなります。そんな態度をとるのは、一方では倫理的な行動を求め、他方では策略をめぐらし、ずるがしこく立ちまわることを求めている人がいるからです。

リーダーは、倫理に反する行動は絶対に認めないという姿勢を明確にすべきです。たとえば粗利益をごまかしている人がいたら、正しい数字を出すよう指示するか、数字がおかしいと指摘する。そして次に同じことが起きたら解雇する。（中略）倫理は甘いものではありません。これくらいのほうがうまくいくのです。（中略）

この会社で仕事ができたことは非常に幸運でした。経営者は日々意思決定を迫られますが、ここでは人として正しいことと会社にとってよいことが一致していたからです」

しかし、このように考える経営者は少数派だと主張する人もいる。リチャード・フェリーは、コーン／フェリー・インターナショナルのCEOだったころ、次のように述べている。

「たしかに、アメリカにはすばらしい経営者もいます。でも彼らは、競争力を維持するために必要なものをはっきりと理解しているがゆえに苦境に陥っている。敵対的買収から会社を守る道は、株価を上げること以外にありません。会社の将来を真剣に考えるほど、経営者は会社、そして自分自身のキャリアをリスクにさらすことになります。研究開発は多額の投資を要しますが、すぐに見返りが得られるわけではないからです。（中略）幹部クラスの人材を募集している企業は、候補者に高邁《こうまい》な理想を語るでしょう。会社の長期戦略に関しても熱い議論がくりひろげられるはずです。でも結局のところ、企業が求めているのは利益をもたらすエグゼクティブなのです」

この社会的病理に果敢に立ち向かっている人もいる。そのひとりがジェームズ・バークだ。彼が経営者たちの意識を高めたときの様子を、ノーマン・リアは次のように語っている。

「ジェームズ・バークが他社のCEOを招いて、昼食会を催したことがあります。その日は、ビジネスのイメージを改善するにはどうすればいいかという話題でもりあがりました。CEOたちは最初のうち、イメージが悪いのはビジネス自体に原因があることをなかなか認めませんでした。でも時間がたち、気持ちもほぐれてくると、今のビジネスはなんらかの助けを必要としていることを全員が認めはじめました。彼らは悪党ではありません。実業界全体が短期的思考にとりつかれていることは事実ですが、それは彼らが始めたことではない。彼らにしたところで短期的思考が間違っていることはわかっている。ただ、そこから抜けだす方法がわからないのです。

CEOたちは、誰かがこの問題に光をあて、何が間違っているかを明らかにしてくれることを望んでいます。それを陰から支援することはできますが、自ら立ち上がって『私は短期的思考とおさらばする』ということはできない。株主、つまりウォール街に対する義務があるからです。それが手かせ足かせとなって身動きがとれなくなっているのです。でも、この問題に焦点をあてる方法が見つかれば、今の風潮は変えることができますし、そうなれば経営者たちも変わるでしょう」

この指摘は、現在でも耳をかたむける価値がある。

† 言葉の力で変化を起こす

言葉を使って人々をみちびき、信頼と共感によって啓発するリーダーは、人を味方につけること以外にも、多くのことを達成できる。

たとえば、組織の雰囲気が変われば、正しい行動をとる余裕も生まれる。リーダーは市場の変化にあわせて組織を改革するだけではない。ジェームズ・バークのように、外部の仲間に語りかけることで、社会全体の風潮にも影響をおよぼしている。しかし、組織の文化が変革の障害になることもある。現代の組織は新しい課題に立ち向かうより、現状維持に力を入れる傾向があるからだ。

ジョン・スカリーはアップルにいたころ、次のように語っていた。

「第二次大戦後、アメリカが世界経済の主役だったころは、学校も企業も政府も、組織という組織はみな閉鎖的で、厳密に階層化されていました。でも、このモデルはもはや通用しません。新しいモデルは、地球規模の相互依存型ネットワークです。時代が変わればリーダーが直面する試練も変わります。

たとえば、直属の部下でない人をみちびくにはどうすればよいのか。現代のリーダーは、国内の企業はもとより、日本やヨーロッパ、ときにはライバル企業の社員とも連携しなければなりません。アイディアを主軸とした相互依存型ネットワークでリーダーシップを発揮するには、アイディア、対人能力、そして独自の価値観に根ざしたまったく新しいスキルが必要です。

かつては傍流にすぎなかったものが現在は主流になっています。ここ一〇年ほどで方向性が大きく変わりました。前時代的なリーダーは世界で起きていることを説明できずにいますが、それは、古いパラダイムで経験したことをもとに目の前の状況を説明しようとしているからです。同じできごとや事実も、パラダイムが変われば、前のようには説明できません」

スカリーは続ける。

「ペプシコ時代の上司とＩＢＭの現社長は、どちらも第二次大戦中は戦闘機のパイロットでした。

でも戦時中のパイロットは、もはや主流のリーダー像ではありません。新しい世代のリーダーは、もっと知的に目覚めた人であるはずです。

世界は産業の時代から情報の時代に移行し、アイディアや情報の価値がどんどん高まっています。このような時代に頭角をあらわし、トップに立つのは、アイディアや情報の波に圧倒されることのない人、それればかりかそういったものに興奮を覚えるような人でしょう。

私も以前は勉強のためにいろいろな組織の役員を引き受けていましたが、アップルに入ってからはすべて辞任しました」

ロバート・ドクスンがカルフェドに入って最初にやったことは、社風を変えることだった。

「私が入社したとき、社内には派閥がいくつもあり、それぞれが周囲に壁をめぐらせていました。別の派閥の人とは口もきこうとしない。これは入る会社を間違えたかなと思いました。社内には一一人の上級副社長がいて、全員が私の椅子をねらっていました。当時の私に必要だったのは、彼らを一掃するのではなく、味方につけることでした。私の足をひっぱるのではなく、協力してもらえるようにしよう――そう決意し、そのとおりにしました。

組織文化の改革に取り組むとき、まずしなければならないのは、人々を味方につけ、自分が会社をどの方向に引っぱっていきたいのかを示すことです。信頼関係は不可欠です。思わせぶりな態度をとったり、隠しごとをしたりせず、真摯な態度で語りかけること。そうすれば、相手は信用してくれます。たとえ話がへたでも、自分の考えを正直に伝えようとすれば、相手はそれを認め、好意的に対応してくれるでしょう。

信頼される人というのは、ビジョンを持っていて、そのビジョンに従うことが正しいのだと示せる人だと思います。私は、カルフェドが太平洋地域を代表する金融機関になると確信しています。そして誰であれ、私のあとをつぐ人にはこのビジョンを共有してもらいたい。その人にはマネジャーではなく、リーダーになってもらいたいのです

ジェームズ・バークによれば、ジョンソン＆ジョンソンは多少の問題はあったけれども、すばらしい職場だったという。

「私には、確固としたビジョンがありました。将来を正しく予測できていたと思いますし、未来にそなえるために何をすればよいかもわかっていました。会社をさらに成長させるためには、マーケティング分野をもっと強化する必要がありました。

ジョンソン＆ジョンソンには、リーダーシップを育てる土壌がありますが、それは権限の分散が進んでいるからです。プロダクトマネジャー制度が導入されたのは、三代目の社長（ジェネラル・ジョンソン）の時代でした。事業を円滑に進めるには、成長にあわせて組織を分割していくことが重要だと彼は見抜いていたのです。ジョンソンが望んでいたのは、各部門に意思決定権を与え、創造力を自由に発揮できるようにすることでした。

私は、創造の過程で生じる混乱や衝突は健全であるという前提に立って、経営に取り組んできました。ときには議論を巻きおこすために反対意見もいいます。そのほうが会社はうまくいくのです。

社内の風通しがよくなり、多様性が増すと、たくさんのリーダーが頭角をあらわしてきます。

アメリカン・ビジネスの問題点のひとつは、リーダーのやり方にまわりの人間があわせてしまい、組織全体がそれに染まってしまうことではないでしょうか。このようなやり方は縦割りの階層組織を生みだすだけで、効率的とはいえません。ジョンソン&ジョンソンでは権限を分散し、オープンな環境をつくることで、社員がそれぞれのやり方で仕事を進められるようになっています」

私が話をしたリーダーたちは、例外なく変化の重要性を認識していた。変化するのは人間かもしれないし、組織かもしれない。いずれにせよ、リーダーは変化を成長や進歩と同じものだと見なしている。実際、彼らのライフワークは変化だといっても過言ではない。

しかし、世界規模で起きている変化が組織の変化を阻むこともある。「自分たちではどうにもできない状況」に翻弄されている組織は驚くほど多い。

もちろん、変化は今に始まったことではない。アダムとイブがエデンの園を去ったとき、アダムはこういっていたかもしれない。「ぼくらはこれから変化の時代を生きるんだ」。私はこれまでに三〇冊以上の本を書いてきたが、どの本も変化や変化に対処することとかかわっていたように思う。しかし、今ほど世界が流動的で、波乱に満ち、制御不能におちいっていた時代はない。

現代の世界は不確実さに満ちている。さらに悪いことに、我々はこの混乱がなぜ起きたのか、混乱のルーツがどこにあるのかさえ特定できずにいる。二〇〇〇〜二〇〇二年にかけて、アメリカは長引く不況を経験した。その原因についてはいくつもの説があるが、専門家の意見が一致したことは一度もない。株が過大に評価されていたことだけは全員が同意しているのだが……。

すぐれたリーダーは、世界の変化に対応するだけでなく、自分自身の変化も楽しむ。たとえばバーバラ・コーディは、「私には少なくとも四つのキャリアがあります。どれもまったく違う分野のものですが、もうすぐ五つ目が始まることは間違いなさそうです」と語った。その言葉どおり、彼女は南カリフォルニア大学の役員に就任し、現在はメディア学の教授として教壇に立っている。

マーティン・キャプランは、アスペン・インスティテュートから政界での仕事を経て、ウォルト・ディズニー・ピクチャーズに入社し、現在は南カリフォルニア大学で活躍している。ディズニーにいたころ、彼は私にこう語ってくれた。「この業界のよいところは、能力を発揮する場がたくさんあることです。出世に血眼《ちまなこ》になるつもりはありません。来年は仕事の方向性を見直し、これまでとは違う能力が求められる分野で勉強したい。たぶん、脚本家かプロデューサーを目指すことになるでしょう」

アルフレッド・ゴットシャルクは、ヘブライ・ユニオン・カレッジと契約したとき、契約書に免責条項の追加を求めたという。

「基本的には、引退するまで学長の座は保証されています。これは大学側が希望したことです。私がもりこんでほしいと主張したのは、『もしどちらか一方が不満を感じるようになったら、その時点で話しあいを行う』というものです。自分の仕事に満足できなくなったら、一日でも現在の地位にとどまっていたくはありません。大学側も私の仕事に満足できなくなったら、一日でも私を残しておく必要はない。さいわい、この一七年間はなんの問題も起こりませんでした。（中略）大学側は私がゆずれないと考えているポイントを理解していますし、そうした点で私と対立することになれば、私にはいつでも辞任する用意があることを承知しています」

ドン・リッチーも、同じようなことを述べている。「いざとなれば、『そんな仕事はこっちから断る！』と啖呵《たんか》を切って自分の道を行く力は残しておくべきです。この力が私たちを自由にしてくれるのです」

リーダーは、それぞれのやり方で世界の変化に対処してきた。これからもそうするだろう。彼らは先を読む。足元だけでなく、見えない未来にも目を向ける。変化を障害ではなくチャンスととらえ、変化に抵抗するのではなく、受け入れる。

スキーの初心者は、斜面に対して身体を起こすことができない。最初はどうしても斜面に近づこうとして前かがみになる。そのほうが安全に思えるからだ。しかし、身体を起こすことができて初めて、斜面に翻弄されることなく自分の思うままに動けるようになる。

組織の初心者も同じだ。彼らは組織というスロープに近づこうとして、自分のアイデンティティを組織のアイデンティティに埋没させてしまう。それに対してリーダーは、身体を起こし、凛と背筋を伸ばす。そして前方をはっきりと見すえながら自分自身のコースを進んでいく――少なくとも雪が降りだすまでは。

変化に抵抗するのは、天候にあらがうのと同じくらいむだなことだ。空模様は常に変化している。未来を予測することは不可能だ。しかし、変化の波に取り組むリーダーを助けるために、組織にできることはたくさんある。

第九章

リーダーを助ける組織、くじく組織

我々が「必要な組織」と呼ぶものは、自分が慣れ親しんだ組織にすぎないのではないか。私はつい、そのように思ってしまう。世の中にはさまざまな社会があるが、社会構造の可能性というものは、人間の想像をはるかに超えているのではないだろうか。

——アレクシス・ド・トクヴィル
『アメリカの民主政治』（講談社）

絶え間なく押しよせる変化や、一世代前には存在もしなかったような力に翻弄され、多くの組織が行き場を失い、ただ身を守るようにうずくまっている。「幌《ほろ》馬車で円陣を組んで核攻撃にそなえる」という笑い話があったが、今の状況はまさにそれだ。こうした組織は動こうともしなければ、動かされようともしない。一方、円陣の外側ではあらゆるものが動いている。

変化を歓迎するとうそぶく組織は増えているが、組織をとりまく状況はかつてないほど不安定になっている。

ここ数年、非営利団体は経費の高騰、収益源の枯渇、寄付金の減少、存在意義を問われる事態などに直面してきた。

実業界では次々とスキャンダルが露呈し、二〇世紀初頭に新聞記者たちを奔走させた汚職の蔓延以来の混乱におちいっている。

即時コミュニケーションとグローバル化は現実のものとなり、市場は聞いたこともないリズムにあわせてダンスを踊っている。

仕事そのものの性質も変わった。今では同じ会社に定年まで勤めあげる代わりに、転職を重ねてキャリアを積む人が増えている。

J・ポール・ゲッティは、成功には三つの秘訣があるといった。第一は早起きすること、第二は勤勉であること、第三は石油を見つけることだ。どういうわけか、世界はこうした単純さを失ってしまった。

しかし、変化を敵視する必要はない。変化はむしろ人を成長させ、組織を救うものだと考えるべきだ。組織は変化することで初めて活力を取り戻し、ものごとの核心に迫ることができるのだから。

† 世界を動かす五つの原動力

現代の世界は、主に次の五つの力で動かされている。

①テクノロジー

この半世紀に、世界ではさまざまな技術が生まれたが、中でも重要なのがＩＣ（集積回路）の発明だ。ＩＣのおかげで、かつてなら一二〇〇人を要したものをわずか四〇人で生産できるようになった。未来の工場は、ひとりの男と一匹の犬で運営されると予言した人もいる。男の役割は犬にえさを与えること、犬の役割は人間が機械にさわらないようにすることだ。「男」を「人間」に変えれば、この言葉は現代にも通用する。

コンピュータとワールドワイドウェブの誕生は、世界を大きく変えた。ウェブは仮想社会の形成を促し、興味の対象は同じでも、以前なら出会うはずのなかった人々を結びつけている。

この変化は、正負の影響をもたらした。インターネットは国の垣根をとりはらい、世界中の人々が力をあわせ、かつてない規模で創造的な活動に取り組むことを可能にした。今では世界中の天文ファンが過去の偉大な天文学者たちが見逃してきた天体の発見を後押ししている。しかし一方では、国際的なテロリストたちがインターネットを利用して、世界中の繁華街やナイトクラブといった「ソフトターゲット」への攻撃を計画している。

テクノロジーに関しては、インターネットを利用できないマイノリティが、これまで以上に社会の底辺においやられる可能性も指摘されている。しかしプラスの面もある。たとえば、画像技術の進歩によって、何かを買うといった行動を起こす際に、人間の脳がどのようなはたらきをするのかが明らかになった。研究の結果、脳はこれまで考えられていたよりもはるかに柔軟で、成人後も成長し、矯正もできることがわかった。

また、現代の生殖技術を使えば、かつてはSFの世界の話だと思われていたような方法で生命を生みだすこともできる。遺伝子コードは解読され、動物のクローンが生まれた。いずれは、世界のどこかの生体工学研究所から、これらの技術も色あせてしまうような画期的な新事実が発見されるだろう。

②地球規模の相互依存

一五年前、世界市場では日本の存在感が急速に増し、アメリカでも多くのビジネスマンが朝一番に円ドル相場をチェックするようになった。ロサンゼルスのダウンタウンの五〇パーセント、そして人気ゴルフクラブ「リビエラカントリークラブ」も、日本人がオーナーとなった。不動産、金融、ビジネスなどの分野では、外国企業による対米投資が過熱し、国民的な関心事となった。

現在、グローバル化の影響ははるかに複雑なものとなっている。

八〇~九〇年代にニューエコノミーの中心地として名をはせたシリコンバレーは不況におちい

り、インテルなどのハイテク企業は巨額を投じてインドの都市バンガロールに巨大な開発拠点を建設している。

ヨーロッパは、長引く不況にあえぐ日本をしりめに着々と統一を進め、一大勢力を形成しつつある。もっとも、統一ヨーロッパのけたはずれの影響力を世界が実感するのはこれからだ。旧ソ連諸国の多くがヨーロッパに吸収され、共通の通貨とパスポートを持つようになるとは、一五年前に誰が想像しただろうか。EUが当初の一二カ国から予定されている二五カ国に拡大したあかつきには、四億五〇〇〇万人の経済力と政治力を統合した巨大市場が誕生する。その市場規模は、アメリカに迫る約九・三兆ドルに達する見こみだ。

また、一三億の民を抱える中国でも、国民が抑圧されてきた起業家精神を発揮しつつある。

③M&A

一九八〇年代の買収熱は冷めるどころか、形を変え、さらに勢いを増している。初期の買収ブームを支えていたものは、主にジャンク債による資金調達だった。買収された企業の多くは一切合財を奪われ、従業員たちは首をきられた。

独禁法関連機関が発表した数字によれば、アメリカの企業合併件数は一九九〇年代に三倍になった（一九九一年は一五二九件。一九九八年は四五〇〇件）。合併ブーム元年といわれる一九八九年には、これらの取引の規模は全体でも六〇〇〇億ドル程度だったが、一九九八年には二兆ドルにはね上がった。

連邦取引委員会の報告書によると、二一世紀初頭に企業が合併の目的としてあげたものは「スケールメリットの達成」「オペレーションの合理化」「世界市場へのアクセスの改善」といった、ごくまっとうな事業上の理由だった。それにもかかわらず、合併ブームを危惧する声は消えない。出版社、テレビ局、雑誌社、新聞社などを擁する巨大メディアコングロマリットが関与している場合はなおさらだ。このようなメディアの中立性を疑問視する声があがるのは当然といえるだろう。

④規制の緩和と強化

かつてはもっとも先を読みやすいビジネスといわれた公益事業、輸送業、保険業の三業種は、今やもっとも予測のしにくいビジネスに数えられている。

暴風に散りまどう木の葉のように、航空各社は、運賃の値下げやルート獲得競争に奔走し、組合をたたき、サービスの質を低下させている。航空業界は九・一一の打撃からも、まだ完全には立ち直っていない。

二一世紀初頭にはカリフォルニア州が電力分野の規制緩和に踏みきったが、エンロンをはじめとする悪辣《あくらつ》な電力ブローカーが市場を牛耳り、電力価格は高騰した。

一九八〇年代末には、過大なリスクを負った貯蓄貸付組合が破綻した。一部の経営者は刑事罰を受け、破綻した組織を救済するために巨額の税金がつぎこまれた。

二〇〇二年になっても銀行の共食いは続き、記録的な低金利のおかげで主力商品となった住宅ローンのリファイナンス（借りかえ）を個人客に売りつづけている。

⑤人口統計と価値観

アメリカでは、かつてないスピードで高齢化が進んでいる。二〇〇〇年の国勢調査では、五〇歳以上が七七〇〇万人に達したことが明らかになった。一〇年前と比べると二一パーセントも増えたことになる。この世代は増加率がもっとも高いうえに、求める製品やサービスも過去の高齢者とはまったく違う。

二〇三〇年には、アメリカ人の五人に一人が六五歳以上となる。高齢化が進むにつれて、若年層の間では退職世代を養うことへの経済的不安が広がっている。もっとも、現代の高齢者は過去に類を見ないほど健康だ。一九六〇年代や七〇年代に政治・社会運動にあけくれた彼らは、年齢をものともせず、これまでの「高齢者」のイメージを書きかえつつある。

一方、若さに執着する価値観は依然としてアメリカ全土をおおっている。それだけではない。ベビーブーム世代を筆頭に、年配のアメリカ人の間では、アルツハイマーなどの疾病に対する不安がうずまいている。こうした不安は「シニアモメント（ど忘れ）」といった言葉まで生みだし、年配の男女が名前や電話番号を忘れるたびに、呪文のようにくりかえされている。

職場の人種構成も変わった。二一世紀初頭には、新規労働力に占める白人男性の割合が一五パーセントまで下がり、白人女性は二五パーセント、残る六〇パーセントをラテン系、アフリカ系、アジア系が占めるようになった。

アメリカでもっとも急速に増えているマイノリティは、ラテン系だ。ラテン系住民は、一九九〇〜二〇〇〇年の間に五〇パーセント以上も増加し、三五三〇万人に達した。現在はアメリカの人口の一二・五パーセントを占めているが、二〇〇五年にはアフリカ系アメリカ人の数を抜くと見られている。

マイアミやロサンゼルスといった南西部の都市を訪れると、英語とほぼ同じ頻度でスペイン語を耳にする。アメリカのラテン化は、国政から消費者製品のマーケティング戦略にいたるまで、あらゆるものを変えつつある。その一方で、複数の人種や民族に帰属意識を持つアメリカ人も増えた。これは部族主義や分離主義を緩和するものとして、多くの人が歓迎している変化だ。

消費者は賢くなり、製品の質や安全性を重視するようになった。現代の人々が求めているのは多様で質の高いサービスであり、エネルギーと時間の両方を節約してくれる製品だ。

燃費は悪いが人目を引くSUVは依然として売れつづけているものの、環境問題や地球の健康状態を懸念するアメリカ人も増えている。

共働き世帯が増えるにつれて、多くの人がバランスのとれた生活を求めるようになった。人々は、アロマテラピーからヨガまで、ストレスを緩和し、あわただしい生活をシンプルなものに変えてくれる方法を探している。

これらの変化は、どれをとっても大きな影響力と意味を持っているが、すべてが同時に起きたことで相乗効果が生まれ、市場に革命的な変化をもたらした。しかも、大規模な変化が進むときは必ず、さらなる移行や地すべりを引き起こすものだ。

一昔前の企業は、新製品を発表したら、あとは製品を市場に出して売りさばくだけでよかった。もちろん競争はあったが、消費者市場には開拓の余地がたっぷりと残されていた。だが現在の状況はまったく違う。

トム・ピーターズは一九八〇年代に発表した著作の中で、新製品の発売を計画している企業は次のような市場環境を想定する必要があると述べた。

●競合相手に韓国企業が加わった。
●コスト削減と品質改善をなしとげた日本企業が揺るぎない地位を築いている。
●国内からひとつ、または複数のベンチャー企業が登場した。
●古参のアメリカ企業が新しいアプローチを採用した。
●長年のライバル企業が事業の一部を大規模な流通網を持つ企業に売却した。
●電子ベースの流通システムを導入した企業が、受注から納品までの時間を七五パーセント削減した。

そして、企業の新たな仕事として、ピーターズは次の四つをあげた。

●標的とする市場セグメントをしぼる。

●たえまなく変化する消費者の要求や嗜好に対応する。
●為替の変動に対処する。
●国外からの仕入れがとだえた場合にそなえる（仕入先が国家的な債務不履行におちいった場合など）。

しかし二〇〇二年の市場はさらに複雑になっている。例外は、ヨーロッパ市場ではユーロの変動だけを心配すればよくなったことくらいだろう。ニッチマーケティングの威力も、ピーターズの予想をはるかに超えていた。

たとえば、ニッチマーケティングは雑誌ビジネスの様相を一変させた。今や活況を呈しているのは特定の分野に焦点をあてた雑誌くらいだ。そのひとつが、「リアルシンプル」に代表されるスローライフを提案する大量の雑誌群である。

インターネットのおかげで、ゲリラマーケティングも定着した。今では競合企業が突然あらわれ、動きの鈍い大企業から市場シェアをもぎとることもありえない話ではない。

ピーターズがあげた項目の他にも、現代の企業は次のような現象を考慮する必要がある。

●インターネットとワールドワイドウェブ
●ケーブルテレビ、衛星通信
●単親家庭、働く母親、単身者世帯、非伝統的家庭

●全国規模で進んでいる住宅価格の急騰（今や住宅を購入できる家庭は五世帯にひとつ）
●ＨＭＯ（保険維持機構）、患者の不満の高まり、健康・医療費の高騰
●Ｅコマース
●訴訟や敵対的思考を好む社会的風潮
●有権者の分裂と細分化
●英語による会話・読み書きのできない人口の増加
●ホームレスの増加
●薬物乱用の慢性化
●国際的なテロリズム

今日の社会、経済、政治形態の基本は「組織」だ。とくにビジネスが文化に非常に大きな影響を与えているアメリカでは、企業がこうした根本的で大規模な変化に対処することが不可欠となっている。

アメリカの産業界は、一八九〇～一九一〇年にかけて抜本的な変化を経験した。近代企業が形成されたのもこの時期だ。この時代の企業には、二つの特徴があった。複数の事業単位を持っていることと、経営が階層化されていることだ。そして今、アメリカのビジネスは再び変容を求められている。今回の変容の鍵を握っているのは、従業員に対する組織の態度だ。

現代の基本形態である組織は、社会のありようにも大きな影響を与える。組織は社会の設計者

だ。これはとりもなおさず、組織の幹部も社会の設計者であることを意味する。幹部は組織が正直で倫理的な場所であることを保証するだけではない。社会がもっと人間的で理にかなった場所となるように、組織をつくり変えていかなければならない。つまり、幹部はマネジャーではなく、リーダーになる必要があるのだ。

かつてのアメリカの大企業には、創設者の個性が反映されていた。企業は創設者の延長線上で語られた。フォード・モーター・カンパニーはヘンリー・フォードだった。GMはアルフレッド・スローンだった。RCAはロバート・サーノフだった。今日の企業にもトップの個性は反映されているが、ことは昔ほど単純ではない。映しだされた姿は粉々に砕け散っていることも多い。

さらにいうなら、かつての大企業は社会を変革する存在だった。ヘンリー・フォードは、自動車の組立工に日給五ドルという破格の賃金を支払った。それにひきかえ、今日の大企業の多くは、変化に翻弄されているにすぎない。

† 最高の資源は人間である

サービスや情報の価値が高まっている現代では、どんな組織でも人材の重要性が増している。一九九〇年代にネットバブルが崩壊するまで、多くの企業はアイディアやアイディアを持っている人間を重要な資産とみなしていた。すぐれた人材には企業が群がり、惜しみない支援と多額の報酬を与えた。ところが二〇〇〇年に経済が冷えこみはじめると、企業は再び労働者を代替可能な負債と見なすようになった。

こうした時代錯誤の態度は、すべてのメンバーから組織に貢献する機会を奪うだけでなく、組織改革の要となるはずの人材を十分に活用することをさまたげている。人間と同じように、組織も経験から学び、自らと自らの財産のすべてを活用しなければならない。人間と同じように、組織も管理するだけでなく、リーダーシップを発揮して初めて、すべての能力を発揮できるようになるのだ。

ヘンリー・フォードは、ユダヤ人嫌いといった人格的欠点もあったが、並みはずれたビジョンを持つリーダーだった。彼のビジョンは、フォード・モーター・カンパニーに体現されていた。しかし、世界そのものがそうであるように、ビジョンも永遠不変ではない。時代の変化にあわせて見直し、適応させ、調整していかなければならない。そして輝きを失ったときは捨て去り、新しいものと交換する必要がある。

名画が集団の手で描かれたことがないように、すばらしいビジョンが群衆の中から姿をあらわしたこともない。フォード・モーター・カンパニーは、創設者のビジョンに沿って運営されていたが、やがて失速した。現在のフォードは、往年の輝きを取り戻すべく新たなビジョンを探している。現在、その舵をとっているのは、ヘンリー・フォードのひ孫のビル（ウィリアム・C・フォードJr）だ。

同社は、毎年数十億ドル規模の損失を出しているが、このフォード家の若き末裔《まつえい》には、会社を建て直すためのビジョンがありそうだ。現代の企業経営には共同作業が不可欠だと知っているビルは、社内外からあたうかぎり最高の人材を集めてチームをつくった。この会社が息をふき返すことがあるとすれば、それはこのチームのおかげだろう。

フォードはワンマンバンドから弦楽四重奏団に生まれ変わった。同社では今、リーダーたちが手をたずさえ、共通のビジョンに向かって力強く歩を進めている。

「人間」という最高の資源を、本当の意味で活用している組織は数えるほどしかない。従業員が能力を発揮できる組織となると、さらに少ない。多くの組織は逆のやり方を選んだ。従業員に対する誠実さを放棄し、人材を育てることよりも刈りこむことに精を出し、収益以外のことには目もくれない。

一九八〇年代、「ニューヨーク・タイムズ」は、当時のビジネス環境を「冷酷な管理の時代」と評した。一九九三年には、「企業のリエンジニアリング」が大流行した。この言葉は、マイケル・ハマーとジェイムズ・チャンピーのベストセラー本に由来するが、「リエンジニアリング」の名のもとで行われたことは、えてして単なる人員削減であり、著者らが意図したような業務の総点検ではなかった。

冷酷な管理を推し進めれば、しばらくの間は変化の波をくいとめることもできるかもしれない。しかし長い目で見れば、組織に成功をもたらすのは、明確なビジョンをそなえたリーダーシップだけだ。一時的ではあったが、それを証明したのが、人材を最重要視するドットコム企業の大成功だった。明確なビジョンを持つリーダーシップが堅実なビジネス手法と組みあわさったとき、長期にわたる成功がもたらされる。

トム・ピーターズは、著書『経営革命』（阪急コミュニケーションズ）の中で、最終的に成功を勝ちとる組織には次のような共通点があると述べた。

●組織の構造がフラットで、あまり階層化されていない。
●部門の独立性が比較的高い。
●付加価値の高い製品やサービスを提供しようとしている。
●品質管理が行き届いている。
●サービス管理が行き届いている。
●反応が早い。
●イノベーションのスピードが速い。
●柔軟である。
●手と頭の両方を使うことのできる、高度な訓練を受けた熟練労働者がいる。
●組織のあらゆる階層に、マネジャーではなく、リーダーがいる。

このような組織のリーダーは、二、三〇年前までは想像もできなかったが、今では不可欠となっている仕事をこなしている。一例をあげよう。

●組織のミッションを定義する。このミッションに沿って活動の大枠を定め、それを従業員に伝える。

●柔軟な環境をつくる。従業員を大切にするだけでなく、自分の能力を存分に発揮できるよう支援する。従業員を対等な仲間としてあつかう。

●企業文化を再構築する。順応、服従、機械的反復ではなく、創造性、自主性、たゆまぬ学習を重んじる。短期的な利益ではなく、長期的な成長を目標にすえる。

●組織を、硬直したピラミッドから流れる円環に変える。これは、複数の自立した部門からなる、進化しつづけるネットワークといってもよい。

●革新すること、実験すること、リスクをとることを奨励する。

●現在を読み、その結果にもとづいて未来を予見する。

●組織の中に新たなつながりを、従業員の間に新たな関係性を見出す。

●外部の組織と新たな協力関係を築く。

●内側と外側の両方から継続的に組織を観察する。

●組織の弱点を見つけ、修正する。

●国や地域ではなく、地球規模でものを考える。

●従業員を観察し、これまでにない新しい要求を見つけ、対応する。

●ものごとが起きてから対応するのではなく、先手を打つ。あいまいで不確かな状況に置かれても泰然としている。

ひとことでいえば、ピーターズが描いているのは、マネジャーではなく、リーダーの世界だ。現在の市場は変わりやすい。このような市場で成功を収めるのは、創造的で、ものごとに深い関心を持つリーダーだけだ。しかし、それを優先事項に掲げている企業は少ない。いや、コスト意識ほどには優先していないというべきか。

真のリーダーは、地球規模でものを考える戦略家だ。現状を改革し、テクノロジーに精通していることはいうまでもない。そのためには新しい知識を吸収し、これまでとは違う側面からものごとを理解する必要があるが、そのような機会を提供している企業はほとんどないし、奨励しているところとなるとさらに少ない。

かつて、アルバート・アインシュタインはこういった。「我々がつくりあげた世界は、その時点までの思考の産物だ。この世界が生みだす問題は、この問題を生みだしたレベルの思考では解決できない」。同じことを、私の友人はこう表現する。「コーラの自販機が動かなくなったら、最後の手段はけとばすことだ」

本書では、失敗の末に成功をつかんだ人たちをとりあげてきた。彼らが成功できたのは、けとばされ、荒波にもまれたからだ。人は、こうした経験を機に、新しい真実に目を開かれていく。

マサチューセッツ工科大学の大学院生だったころ、私は臨床心理学の単位をとるために週に一度ボストンの精神病院に通い、ひとりの患者と面接することになった。医師の立ち会いのもとで最初の面接にのぞんだ日、あいさつをしようと手をさしのべた私はいきなり、患者にむこうずねをけり飛ばされた。この一件を機に、私は社交上のエチケットに対する考えを、根本から見直さなければならなくなった。

これと同じことが組織にもいえる。自らをリセットし、これまでの思いこみを捨て去るために、組織は手痛い一撃を必要としている。

「世界を変えたいなら、まずは自分自身が変わることだ」とガンジーはいった。組織が変われば、世界も変わる。これまでのところ、組織はリーダーの成長を助けるより、リーダーの成長を阻むほうにはるかに多くのエネルギーをついやしている。


では、リーダーを助けるために、組織は何ができるのだろう。

すでに述べたように、リーダーシップの基礎は学習、とくに経験から学ぶことにある。

『Lessons of Experience（経験からの教訓）』（モーガン・W・マッコールJr、マイケル・M・ロンバード、アン・M・モリソン）によれば、企業の重役らに若手幹部へのアドバイスを求めたところ、その内容はだいたい次の三つにしぼられたという。

①どんな機会も活かすこと。
②積極的に意味を探し求めること。
③自分自身を知ること。

私が話をしたリーダーたちも、同じようなことをいっていた。つまり組織は、従業員が学び、リーダーシップを育むための経験を提供しなければならないのだ。

リーダーは、大学の授業からも企業の研修からも生まれない。経験だけがリーダーをつくりだす。必要なのは「キャリアプラン」でもなければ研修でもない。組織が率先して、成長や変化を可能にする環境をつくり、経験から学ぶ機会をリーダー候補者に提供することだ。

リーダーの育成に力を入れているとうそぶく企業は多いが、ライマン・ポーターとローレンス・マッキボンの調査によれば、リーダーシップ開発に本格的に取り組んでいる企業は、調査対象企業の一〇パーセントにすぎなかったという。

もちろん、中には未来のリーダーを確保するために、独創的な方法を編みだした企業もある。そのもっともよい例が、GEの「人材工場」だ。これは当時のCEOジャック・ウェルチが、ニューヨーク州クロトンビルに設立した「リーダーシップ大学」である。インテルも、リーダーシップ開発の分野では先駆的な存在で、従業員ひとりにつき年間五〇〇〇ドルもの資金を投じている。しかし、これらの組織は例外だ。

†機会を与える＝エンパワーメント

リーダー候補者には、キャリアの早い段階でリーダーシップを発揮する機会を与えよう。その経験を通して、彼らは意欲を高め、なせばなるの精神を身につけ、自信を持つようになる。

たとえば、ライン部門（製造、販売など）からスタッフ部門（企画、管理など）に異動させる。目の前の課題を処理するだけでなく、長期的な視点に立って戦略や構想を組み立て、ためし、見直す機会を与える。あるいは古い方針を検討・修正して、新たな方針を策定するチームに配属したり、問題解決にあたらせたり、海外勤務を命じたりするのもよいだろう。

特別プロジェクトも、力だめしにはもってこいだ。

一九八〇年代、パシフィック・ベルは、民主党の全国大会とロサンゼルスオリンピックにチームを派遣し、会場に臨時通信システムを構築させた。どちらのチームも、限られた時間内で臨時システムを効率よく稼働させる方法を考え、急ピッチで準備を進めねばならなかった。もちろん、利益は必ず上げなければならない。

チームに課された任務は、高度な電話システムを設計し、構築し、運用することだったが、それは小さな町をそっくりまかなえるようなシステムを、ごく短期間でゼロからつくりあげることを意味した。しかも、大会が終わったらただちに撤去しなければならない。

このプロジェクトが成功裏に終了したとき、チームのメンバーは根本的に変わった。パシフィック・ベルの言葉を借りるなら、この経験は、彼らをリーダー予備軍に変えたのである。

先にあげた『経験からの教訓』には、他にも企業がリーダー志望者をためし、経験を積ませるために採用している方法が紹介されている。

①ベンチャー支援予算を設け、リーダー候補者が新組織を立ち上げられるようにする。
②規模の小さい低採算事業を若手管理職に任せる。
③低迷している事業をリーダー志望者に任せ、事業を好転させるチャンスを与える。

新しい血が入ると、新鮮なアプローチやアイディアが出てくるものだ。若手に、チームの管理とリーダーシップを発揮する権限を与えると、改善が必要な部分、滞っている領域、抵抗している従業員などがにわかに活気を取り戻すことがある。

これと同じように、社内で新しい試みが進行しているときは、それが新部門の立ち上げであれ、新しい製品やサービス、あるいはマーケティングキャンペーンの企画であれ、リーダー志望者を責任者にすえることが望ましい。彼らの新鮮な視点は、チームに利益をもたらすだけでなく、本人も、ゼロからものをつくりあげる経験から多くを学ぶだろう。

一九六〇年代、ロバート・タウンゼントは、因習を打破することでエイビス・レンタカーをよみがえらせた。彼は、管理職がビジネスの現場を知り、顧客の視点でものを見ることが重要だと考えていた。この信念にもとづいて、エイビスの管理職は定期的に同社の制服である赤いジャケットに身をつつみ、レンタカーの返却窓口に立つことを義務づけられた。

ドイツの偉大な作曲家であり指揮者だったグスタフ・マーラーも、オーケストラのメンバーを定期的に客席に座らせ、自分たちの演奏を聴衆がどのように聴き、観ているかを体験させたという。

世界最大の年金基金ＴＩＡＡ—ＣＲＥＦの会長兼ＣＥＯだったクリフトン・ウォートンは、次のように述べている。「見こみのある人間は、出世の階段をのぼってくる段階でわかるものです。そのような人材は大切に育み、潜在能力を開花できるよう支援すべきです。彼らには、ぱっと見てわかる気質や性格上の特徴はありませんが、根本的な部分で共通点があります。どこをどうすればうまくいくかを、第六感のようなもので察知する能力はそのひとつです。なぜかはわかりませんが、世の中には、ものごとの核心を瞬時にとらえ、ビジョンを示せる人がいる。こうした人たちには、何かを実現するための意欲や熱意があります」

配置転換も、未来のリーダーが別の視点から組織をながめ、理解を深めるよい機会になる。営業部門の人間に製品企画の仕事をさせることはめずらしくないが、これからはデザインや企画部門の人間を店頭に立たせることも必要だろう。

リーダー志望者に経験させるべき仕事としては、他にも、長期計画の策定、顧客との交渉、営業、海外勤務などがある。

大きな挑戦になるほど、新しいことを学ぶ機会も増えるが、同時に失敗や誤りをおかす機会も増える。しかし、重要な経験の多くが、失敗や誤りからもたらされることはすでに述べたとおりだ。

私が話をしたリーダーのほとんどが語ったように、リスクのないところに成長はないし、失敗を伴わない進歩もありえない。実際、間違いをおかしたことがないとすれば、まだ十分に努力していないのだ。

組織も正しい態度で失敗をとらえる必要がある。第一に、メンバーがリスクをとることを奨励すること。第二に、誤りはプロセスの一部であり、正常なものだと見なすこと。第三に、誰かが誤りをおかしたときは非難するのではなく、修正策を講じること。

飛行士のブルック・ナップはこういった。「人間には二種類あります。恐怖を感じると身動きがとれなくなる人と、怖くてもとにかく前に進もうとする人です。人生とは、制約ではなく選択なのです」。健全な文化を持つ組織は、メンバーに選択することの大切さを教えてくれる。

第七章でも述べたように、リーダー候補者は、よい上司だけでなく、やっかいな上司からも学ぶ。しかし、建設的な意見を述べることが敵対的な態度をとるより生産的であることは間違いないし、正直さが意味のない社交辞令より有益で示唆に富んでいることもたしかだ。

どの組織も、安定と変化、伝統と修正の間でむずかしいバランスをとろうとしている。組織の規模が拡大しているときはなおさらだ。だからこそ、組織は経験を吟味する方法を持っていなければならないし、従業員が経験から学ぶしくみも用意しなければならない。

†意味を見つける＝関与

マッコールらの調査対象となった管理職の多くは、メンター制度について「悪くないアイディアだが、あまり機能しなかった」と答えた。理由は二つある。ひとつは、すぐ別の部署に移ってしまったので、メンターから十分な恩恵を受けられなかったから。もうひとつは、メンターと呼ばれる人々が、さほど有能ではなかったからである。

しかし、組織そのものもメンターの役割を果たしている。組織の態度、調子、スピード感といったものは、よい意味でも悪い意味でもメンバーに影響を与えるからだ。組織の価値観は、人事にも経営にもあらわれる。組織の意味、ビジョン、目的、存在理由があいまいで、よい仕事をした従業員が有形無形を問わず、なんの報酬も得ていないとすれば、その組織では経験を吟味するしくみがうまくはたらいていないことになる。それは、無視界飛行をしているに等しい。

企業のビジョンは、三つのレベルにあらわれる。ひとつ目は「戦略」レベル（組織にとっての最重要哲学）、二つ目は「戦術」レベル（その哲学をどう実践するか）、三つ目は「個人」レベル（その哲学が個々の従業員の行動にどうあらわれるか）だ。

たとえば、小売事業がうまくいっているかどうかを調べたいなら、任意の店舗を訪れて店員の態度を見ればよい。その店員が無愛想で、商品知識に乏しく、頼りにならないとすれば、トップの人間が能力不足か、一貫性のあるビジョンを持っていないかのどちらかだろう。先に引用したエマスンの言葉をもじっていうなら、「組織は、ただ存在するだけでは半分しか生きていない。残りの半分も生きるためには、自らを表現しなければならない」

誰もがせかされるように生きている現代では、誰がいつ「燃えつき症候群」にかかってもおかしくない。このような時代のエグゼクティブには、「三つのR」を実践することが求められる。すなわち、「静養（Retreat）」「再生（Renewal）」「復帰（Return）」である。学界では昔から、休養や研究のための長期休暇が認められてきたが、他の組織もこれにならうべきだ。

ケン・オルセンはディジタル・イクイップメントのCEOだったころ、毎年夏には二週間の休暇をとり、会社との連絡をいっさい断って、ひたすらカヌーをこいで過ごしたという。ジェイミー・ラスキンは検事総長補だったころ、次のように語ってくれた。「仕事が片づき、話すべき相手がみな去ってしまうと、視界がさあっと開ける瞬間がきます。自分にとって真実だと思われるものがひしひしと感じられるのは、このときですね」。この瞬間に、新たな意味と理解、疑問、そして挑戦意欲が湧きあがってくるのだ。

ここで、ジョン・スカリーの言葉を引いておきたい。

「組織は自ら、よいリーダーの芽をつむようなことをしてしまいます。優秀な人間でさえも頭角をあらわせないのは、組織文化の根底や官僚的なプロセスの中に、リーダーの成長を阻むものがひそんでいるからです」

実際には、金の卵を育てるために組織にできることはたくさんある。行動する前に考えることが求められるように、行動したあとは吟味が求められる。これは、人間だけでなく組織にもいえることだ。

†学ぶ＝リーダーシップ

原語の意味を考えるなら、組織は有機的な存在でなければならない。

組織の構造が目標を決めるのではなく、組織の目標が構造を決める。また、組織は「階層社会」ではなく「コミュニティ」であるべきだ。組織は手段であって目的ではない。したがってメンバーには、試練と機会と報酬に加えて、自主性も与えなければならない。

組織の本分は、メンバーが自分の限界を取り払い、潜在能力を存分に発揮できるようにすることだ。メンバーの成長と発展に手を貸し、その機会を増やす方法を考えること。これこそが、組織の真のミッションであり、裏を返せば、今日の組織が直面している最大の試練である。

第十章

未来をつくる

激動の時代には、未来は学ぶ者の手に託される。学ぶのをやめてしまった者は、もはや存在しない世界でしか生きられない。

——エリック・ホッファーの言葉

『バンガード・マネジメント——先駆企業の戦略』（ダイヤモンド社）より

第一章のテーマは、現状を打破することだったが、この最終章でも、同じテーマに立ち返ろうと思う。

第一章では、二つの物語をとりあげた。ひとつは現状に屈服したエドの物語、もうひとつは現状を克服したノーマン・リアの物語だ。

エドは取締役会の了解が得られず、社長になれなかった。このとき、取締役会が新リーダーの条件として五つの項目をあげていたことを覚えているだろうか。第一は実務能力（エドにはこれがあった）、第二は対人能力、第三は概念化能力、第四は判断力と眼識、そして第五は品性だった。どれも重要な資質であり、取締役会の方向性は正しかった。しかし、世界は複雑さを増している。これからのリーダーは、さらに多くを求められるだろう。

アビゲイル・アダムズは、息子のジョン・クインシー・アダムズにあてた手紙の中でこう書いている。「困難な時代ですが、非凡な能力をそなえた人間が生きがいを感じるのもまた、このような時代です。（中略）窮状におちいったときに初めて、すばらしい美徳が呼び覚まされるのです」

市場競争を勝ち抜くためには、まず二一世紀の課題を理解しなければならない。コモンコーズの創設者ジョン・ガードナーはかつて、「リーダーとは、社会の基調となっている文化を理解している人だ」といった。そうした文化のほとんどは目に見えず、人々の心や夢、無意識の中にしか存在しない。

しかし、理解することは最初のステップにすぎない。未来をになうリーダーは、そこからさらに一歩を踏みだし、文化を変える。クルト・レヴィンの言葉をくりかえすなら、何かを本当の意味で理解するためには、それを変えてみるほかないのだ。

そのようなリーダーを、アメリカは今すぐに必要としている。この国は競争力を失った。インフレを考慮すれば、国民の平均給与はこの三〇年間で一〇パーセントしか増えていない。独創性ではまだ他国の追随をゆるしていないが、製造力は衰えた。流通力もしかり。今やアメリカが発明したものを製造し、販売しているのは中国であり、それを買っているのがアメリカなのである。

学校教育、医療、政治は、引き続き危機的状況にある。ウォール街とワシントンは、ならず者に占拠されたかのようだ。

かつてのアメリカは世界に名だたる工業国だったが、現在の主力産業はサービスだ。そのサービスでさえ、過去に類を見ないほど質が落ちている。

これほど豊かな国にあって、路上で暮らすホームレスは増えつづけ、打つべき手を知っている人はどこにもいないように見える。ギャングはダウンタウンを力で支配し、ついには国際テロの脅威もアメリカの日常と化した。

この国が競争力を取り戻し、山積する問題に向きあい、それを解決できるとすれば、その方法を示せるのは本物のリーダー以外にない。ロード・コーポレーションの元CEOドナルド・アルスタットは、「世界の王は、実業界の大物でも高級官僚でもなく哲学者だ」といった。歴史が証明しているとおり、理念はいずれ根をおろす。彼は、プラトンが描いた「国家」は、本人が考えていた形ではないにせよ、たしかに存在するといった。理念を持っていることが、リーダーの強みであることはいうまでもない。

リーダーは、混乱からビジョンを引きだす。

リーダーは、世界は混乱に満ちているが、この混乱は始まりであって終わりではないと知っている。混乱は、エネルギーや勢いの源でもあるからだ。

ロザベス・モス・カンターは、著書『巨大企業は復活できるか』（ダイヤモンド社）の中で、今日のような混乱した環境でリーダーがとるべき態度を、次のように説明している。

●戦略的に考え、未来に投資する（ただし、利益は上げつづけよ）。
●企業家精神を持ち、リスクをとる（ただし、努力を怠ってビジネスに損害を与えてはならない）。
●今していることはすべて続け、改善に努める（ただし、従業員とのコミュニケーション、チームワーク、新しいプロジェクトにも多くの時間を割くべし）。
●自分のビジネスは、細部まで知りつくす（ただし、権限委譲は進めよ）。
●熱烈に「ビジョン」を追求し、その実現のために一心不乱に努力する（ただし、柔軟で機敏な対応をこころがけ、必要なときはただちに方向転換せよ）。
●発言し、リーダーとしてふるまい、方向性を定める（ただし、孤立してはならない。他者の意見に耳をかたむけ、協調的であれ）。

●新しいビジネスには、長時間労働を強いられようと体あたりで取り組む（ただし、体調管理は万全に）。

●成功せよ。成功せよ。成功せよ（そして、すばらしい子どもを育てよ）。

†未来をつくる一〇の要因

混乱を飛躍に変える方法を、あるいは、変化やあいまいさを受け入れ、それを成功に結びつける方法を、リーダーはどのように学ぶのだろうか。

変化に対処し、未来をつくり、学習する組織をつくるために必要なもの（リーダーや組織の性質）を、「一〇の要因」としてまとめてみた。

①リーダーは、夢を育てる

リーダーには人を引きつけるビジョン、人を新しい場所へつれていくようなビジョンを生みだし、それを現実に変える力がある。私が話を聞いたリーダーがみな、「一〇の要因」をもれなくそなえていたわけではない。しかし、この性質だけは全員がそなえていた。

ピーター・ドラッカーは、「リーダーの最初の仕事は、ミッションを定義することだ」といった。マックス・デプリーは著書『響き合うリーダーシップ』の中で、「リーダーの仕事は現状を把握することから始まり、『ありがとう』ということで終わる。その間は奉仕する。それがリーダーの役割だ」と述べている。

　夢を育てる方法は五つある。ひとつは「ビジョンを伝えること」だ。ユングはこういった。「理解されていない夢は、単なるできごとにすぎない。理解されて初めて、夢は生きた経験となる」。ジェームズ・バークは、ジョンソン&ジョンソンのCEO時代、仕事時間の四割を社訓（「我が信条」）を伝えることについやした。今も、同社のチャレンジ・ミーティングでは、管理職たちがジェネラル・ジョンソンの残した「我が信条」を一文ずつ読み返し、加えるべきことがないかを検討している。過去には思いきった変更が加えられたこともあったが、合衆国憲法と同様、信条そのものがなくなったことはない。

　残る四つは、「慎重に人を雇うこと」「メンバーに報いること」「再教育をほどこすこと」、そして「組織を改造すること」だ。

　この五つのすべてを実行したのが、SAS（スカンジナビア航空）の元CEOヤン・カールソンである。彼のビジョンは、SASを「市場淘汰後に残る航空会社のひとつ」にすることだった（国際航空会社の淘汰は現実のものとなったが、彼も小規模の格安航空会社が台頭し、単一ヨーロッパの空を飛びまわるとは考えていなかった）。このビジョンを実現するために、彼は二つの目標を定めた。ひとつは一〇〇の点でSASをライバルより一パーセントすぐれた会社にすること。もうひとつは、ニッチ市場をつくりだすことである。

　カールソンが目をつけたのは、ビジネス客だった。この層をとらえれば、大学生や旅行代理店、あるいは他の何を相手にするより高い利益を確保できると考えたのだ。しかし、ビジネス客を引きつけるには満足度の高い接客、つまり、的確で礼儀正しく、心のこもった応対が必要になる。試算では、顧客や潜在顧客がSASの従業員と接する回数は、一日に約六万三〇〇〇回。カールソンはこの接触を、「真実の瞬間」と呼んだ。

彼はSASの新しいビジョンを従業員に伝えるために、漫画を用いたハンドブック『リトルレッドブック』を作成した。また、コペンハーゲンには従業員を教育する研修施設をつくった。さらに会社そのものを脱官僚化した。SASの組織図は、ピラミッド型からいくつもの円環が集まった銀河系のような形に変わった。カールソンの著書『真実の瞬間』（ダイヤモンド社）の原書（スウェーデン語）タイトルは、『ピラミッドを破壊する』である。

こうした円環のひとつが、「コペンハーゲン−ニューヨーク路線」だ。これは独立した自律型のワークグループで、その中にはパイロット、航空士、技師、乗務員、荷物係、予約係など、この路線にかかわるすべての人間がふくまれる。利益は関係者間で分配されるため、売り上げが増えれば全員がその分け前にあずかる。コペンハーゲン−フランクフルト路線も同様だ。現在のSASは、こうした小規模で並列的なグループの集合体となっている。

GEの元CEOジャック・ウェルチは、こういった。「一昔前の上司は、部下より少しものを知っているという理由でボスになった。しかし、こうした上司はマネジャーにすぎない。未来の上司は、ビジョン、価値観、目標を部下と共有し、それを通してチームをみちびく」

リーダーをリーダーたらしめているものは、ビジョンを生みだし、それを実現する能力だ。「夢の中で責任は始まる」とイェーツはいった。ビジョンとは、目覚めたままで見る夢だ。リーダーの責任は、そのビジョンを現実に変えることにある。その過程でリーダーは周囲の環境も変えていく。

②リーダーは、ミスを抱擁する

これは経営コンサルタント、ドナルド・マイケルの言葉だが、この詩的な表現は、リーダーのあるべき姿をうまく伝えている。

リーダーは、バーバラ・コーディのように、誤りをおかすことを恐れず、間違ったときは率直に認める。ジェームズ・バークのように、リスクをとることを奨励する環境をつくりだす。シドニー・ポラックのように、唯一の失敗は何もしないことだと仕事仲間に伝える。全盛期のカール・ワレンダのように、落ちることを恐れず、空高く張り渡されたロープを渡る。ジョン・ウッデンはUCLAのバスケットボールチームのコーチだったころ、こういった。「失敗は罪ではない。低い目標を掲げることが罪なのだ」

③リーダーは、反省を促す反論を歓迎する

ノーバート・ウィーナーから、こんな言葉を聞いたことがある。「相手の反応を聞いて初めて、自分が何をいったのかわかるんだ」。リーダーは、いつでも臆せず真実を伝えてくれる人が身近にいることの重要性を理解している。前著『本物のリーダーとは何か』を執筆した際、私は何人ものリーダーにインタビューを行った。そのとき興味をそそられたのは、ほぼすべてのCEOが

最初の配偶者との結婚生活を続けていたことだ。それは彼または彼女が、CEOにとっては全面的に信頼できる相手だったからだろう。信頼できる相手からの反論は反省を促す。こうした反論を機に、リーダーは自分を知り、もっと深く理解するようになる。

④リーダーは、意見の違いを歓迎する

反省を促す反論は、組織の中では意見の相違という形であらわれる。リーダーは、自分とは逆の考えを持つ人、ひねくれ者、予想と現実のずれを指摘してくれる「矛盾発見器」のような人間を身近におく必要がある。

じつのところ、リーダーは器量によって二つのタイプに分かれる。ひとつは自分の映し鏡のような人、つまり自分とまったく同じ意見や欲求を持っている人を雇うタイプ。もうひとつは自分を補ってくれる人、つまり自分とは違う視点から組織や社会を見ている人を雇うタイプだ。夢を追うジョン・スカリーは、COO（経営執行責任者）に現実的な管理職を選んだ。

しかし、自分を補完してくれる人間を集められたとしても、率直に発言してもらうことはむずかしい。著名な映画プロデューサー、サミュエル・ゴールドウィンは、自分が製作した映画が六本続けて興業的に失敗したとき、スタッフを集めてこういったという。「私とMGMの何が間違っているのか、率直なところを聞かせてほしい――絶対にクビにしないとは約束できないが」

リーダーのそばにいる人間は、率直にものをいうことがどんなに危険かをいやというほど知っている。

四〇年以上前になるが、ニキータ・フルシチョフがアメリカを訪れ、ワシントン記者クラブで記者会見を開いたことがあった。そのとき、通訳を介して記者から最初に飛んだ質問は次のようなものだった。「あなたは今日、前任者のスターリンがいかに恐ろしい独裁者だったかを語られました。しかし、当時のあなたはスターリンの側近であり、盟友だったはずです。あなたは何をしていたのですか」。フルシチョフは顔を真っ赤にすると、「誰の質問だ」とどなった。五〇〇人の記者はいっせいに目をふせた。「誰の質問かと聞いているのだ」とフルシチョフは迫ったが、会場は無言だった。「私も、君たちと同じだったのだ」。フルシチョフはそういった。リーダーより、まわりの人間のほうがよくわかっている場合でも、リーダーが誤りをおかすのを誰も止めないことがある。これは、多くの組織で起きている悲劇だ。

こうした傾向に歯どめをかけたいなら、ハーマン・ミラーの元CEOマックス・デプリーのように、他者の突飛なアイディアにも耳をかたむけることだ。バーバラ・コーディのように、スタッフの輪に入って反対意見を引きだすことだ。スタッフに混じって話しているときのコーディは、とても上司には見えない。

D・ヴァーン・モーランドも、「CEOは異議をとなえる人物をあえて身近におく必要がある」と主張する。彼は論文『Lear's Fool: Coping With Change Beyond Future Shock（リア王の道化――フューチャー・ショックを乗り越え、変化に対処する）』の中で、「CEOの道化」という仕事にふれている。この道化の役割は、主に三つある。①論理的には説明できない困惑するような真実をちらつかせ、CEOを混乱させること。②大きな変化をかぎつけ、その重要性を理解すること。

③冗談をいい、難問をふっかけることで、聖域だと考えられているものや厳然たる事実だと証明されているようなものごとを批判すること。

リア王のように、リーダーも少なくともひとりの道化を必要としている。

⑤リーダーは、「ノーベル賞要因」（楽天性、信念、希望）を持っている

私が過去にインタビューしたエグゼクティブの中には、自分が科学者になっていたらノーベル賞をとっていただろうと断言する人もいた。彼には、自分にはどんなことでもできるという感覚があり、その楽天性は周囲にも伝染していた。

底抜けの楽天性の見本といえば、大統領時代のロナルド・レーガンだろう。レーガン政権の世論調査官だったリチャード・ワースリンには、次のようなエピソードがある。

レーガンの支持率は、暗殺未遂事件のあと過去最高の水準まで上がったが、事件の一年後には大きく下がった。ワースリンは、その事実を大統領の耳に入れなければならなかった。いつもなら彼がひとりで大統領執務室に入ることはなかったが、このときは誰も同行しようとしなかった。ひとりで部屋に入ってきたワースリンを見て、レーガンはいった。「悪いニュースを聞かせてくれ」。ワースリンは状況を説明した。支持率は暗殺未遂事件のときから急降下しているだけではない。支持率調査が始まって以来、就任二年目でここまで支持率が下がった大統領もいない、と。「リチャード、後生だから心配しないでくれ」とレーガンはいった。「外に行って、また暗殺されてくるよ」

楽天性と希望は、人に選択の余地を与える。希望の反対は絶望だ。選択肢がないと感じたとき、人は絶望する。カーター元大統領は、国民の気分をめいらせるようなスピーチをして世論の批判をあびた。本人は率直に話したつもりだろうが、国民は絶望以外に選択肢はないというメッセージを受け取った。リーダーの世界観は伝染しやすい。カーターは国民を落ちこませた。一方のレーガンは、欠点こそ多かったものの、国民に希望を与えた。

ノーベル賞要因を持つ底抜けに楽天的な人物をもうひとりあげるなら、コメディアンのジョージ・バーンズだ。彼はもうすぐ一〇〇歳になろうとするとき、こういったという。「死ぬわけにはいかないね。仕事の予定が入ってるんだ」

中国のことわざにも、こんなものがある。「不安と心配の鳥が頭上を飛ぶのはとめられないが、その鳥が自分の髪の中に巣をつくるのを防ぐことはできる」

⑥リーダーは、「ピグマリオン効果」を理解している

ジョージ・バーナード・ショーの戯曲『ピグマリオン』の中で、イライザ・ドゥーリトルは、フレディ・アインスフォード＝ヒルと結婚する。ヘンリー・ヒギンズ教授にとって、自分はいつまでも下町の花売り娘でしかないことを知っていたからだ。教授は彼女の変貌を認めず、いつまでも昔の姿でしか見ようとしない。

イライザはフレディにこういう。「レディと花売り娘の違いって、どうふるまうかじゃなくて、どうあつかわれるかなの。ヒギンズ教授にとって、私はいつまでたっても花売り娘。それはこれからも変わらないでしょう。でも、あなたの前ではレディになれる。あなたはいつも私をレディとしてあつかってくれるし、これからもきっとそうだから」

J・スターリング・リビングストンは、この「ピグマリオン効果」をマネジメントにあてはめ、次のように述べている。

●管理職が部下に何を期待し、どうあつかうかによって、部下の成績や昇進のスピードは大きく変わる。

●すぐれた管理職は、達成可能な高い期待を部下にかける。

●能力に欠ける管理職は、このような期待を部下にかけられず、その結果、部下の生産性は低迷する。

●部下は、期待されていると思うことを実行する傾向がある。

リーダーは、周囲の人間にベストを期待する。彼らは、人は変化し、成長することを知っている。大きな期待をかけられると、人間はそれに報いようとするものだ。数学教師のジェイミー・エスカランテは、ロサンゼルスのダウンタウンにある荒れた高校の生徒でも、微積分を理解できると確信していた。生徒たちはその期待に応えた。

かといって、リーダーは非現実的な期待をかけたりはしない。リーダーのモットーは「引っぱれ、ただし、やりすぎるな」だ。オリンピックに向けてトレーニングに励む選手は、慎重に行動する。今日の試合で筋肉を使いすぎれば、明日の試合ではベンチをあたためなければならない。

ラッキー・ストアの元CEOドン・リッチーは、次のように語る。「管理職の重要な仕事のひとつは、部下が目指すべき基準を定めることです。期待値といってもいいでしょう。これは大変な責任です。基準が低すぎれば、組織だけでなく部下もチャンスをふいにしてしまう。かといって部下が達成できないほど高い基準を定めれば、部下も組織もだめになる。ときどき目標に届かないくらいはかまいません。でも、毎回失敗するような目標では心がまいってしまいます。（中略）理想的なのは少しだけ背伸びはするが、何度も挫折することはないような基準を定めることです」

⑦リーダーは、「グレツキー要因」（ある種の「知覚」）を持っている

当代きってのアイスホッケー選手とうたわれたウェイン・グレツキーは、「重要なのは、パックがどこにあるかではなく、パックがどこに転がっていくかを知ることだ」といった。リーダーも、同じような感覚を持っている。彼らは、文化がどこに向かうのか、組織を成長させるにはどの位置にいなければならないのかを知っている。最初はそのような感覚を持っていなくても、成長する過程で身につける。

これは、政界でも同じだ。エリザベス・ドリューは、一九八八年の大統領選挙戦についてこう述べている。「なぜ、デュカキスはもっとわかりやすいやり方でブッシュを攻撃し、彼の愛国心を問いたださなかったのか。そう思った人は多かっただろう。問題はデュカキスの本能にある。政治の世界に長く身をおいているわりに、彼には政治的な本能が奇妙なほど欠けている。自然の

衝動というか、いつ何をすべきかを察知したり、感じとったりする能力がないのだ。そのような感覚がそなわっていない人間は、大統領にはなれない。もっとも、デュカキスの対立候補にその感覚があるかといわれると心もとないのだが……」

⑧リーダーは、長期的に考える

リーダーは辛抱強い。故アーマンド・ハマーは八九歳のとき「生きている間に成果を見たいので、最近は一〇年先までしか計画を立てていない」とこぼした。バーバラ・コーディは四〇代に入ってなお、自分には新しい仕事を見つける時間があり、まったく新しいキャリアを築くことさえできると考えていた。日本人の辛抱強さにいたっては、アメリカ人の想像を超えている。私の知っている日本企業には、「二五〇年計画」がある。

ときにはウォール街でさえ、長期的な視点を評価する。一九八〇年代末、ディズニーのマイケル・アイズナーは、ロバート・フィッツパトリックをフランスに送り、「ユーロ・ディズニー」計画の責任者にすえた。一九九二年に予定されていたEC統合を見すえた措置だった。将来を見越したこの行動が評価され、ディズニーの株価は上がった。カルフェドも世界最大の単一市場EUの出現にそなえ、一九八〇年代末にイギリスに銀行をつくり、ブリュッセル、バルセロナ、パリ、ウィーンにも支店を開いた。

⑨リーダーはステークホルダーを平等にあつかう

リーダーは、社内にはさまざまなステークホルダー（利害関係者）がおり、相反する要求を調整しなければならないことを知っている。ジェームズ・オトゥールは、著書『バンガード・マネジメント——先駆企業の戦略』（ダイヤモンド社）の中で、「傑出した企業が実践している第一の原則は、ステークホルダーを平等にあつかうことだ」と述べている。そして、石油会社アルコの社長だった故ソーントン・ブラッドショーの言葉を引用する。

「社長として決断を下すときは、次に掲げる要素のいくつか、あるいは多くを考慮するようにしています。つまり、世論に与える影響、環境団体の反応、さまざまな活動団体（消費者団体、税制改革団体、反核団体、砂漠化防止団体、RV車振興団体など）に与える影響、政府（エネルギー省、環境保護局、労働安全衛生局、州際通商委員会、連邦取引委員会など）の規制、州や自治体の規制、インフレや政府のインフレ抑制策に与える影響、労働組合の姿勢、OPECカルテル。ああ、そうだ。忘れるところでしたが、予想される経済的利益やリスクの程度、資金調達の可能性、社内の能力、そしてもし余裕があれば、競合企業の状況も視野に入れなければなりません」

ステークホルダーを平等にあつかおうとするリーダーは、「ディック・フェリス症候群」にも留意する（いっそ「観覧車［Ferris Wheel］病」と呼んではどうかと思うのだが）。

ＵＡＬの社長だったディック・フェリスには、万華鏡のようなビジョンがあった。それは空の足だけでなく、空港リムジンバスから搭乗客用のホテルまで、ありとあらゆるサービスを自社で提供するというものだった。この壮大なビジョンを実現するために、フェリスは社名まで変えた。ＵＡＬ（ユナイテッド航空）の時代は終わった。新しい冒険にふさわしい名前は「アレジス」である、と。耳ざわりはよかったが、この言葉にはなんの意味もなかった。

フェリスのビジョンはゆがんでいた。会社には自分以外にもプレーヤーがいることを忘れていたのだ。たとえばパイロット組合、あるいは取締役会。フェリスは遠くに広がるすばらしい世界に目を奪われ、自分の足元で起きていることに気づかなかった。パイロット組合は会社の買収を検討し、取締役会は怒りにふるえていた。観覧車がひとまわりしたころ、フェリスは会社を追われ、社名はＵＡＬに戻った。

万華鏡のようなビジョンがどんなに魅力的な未来を映しだそうと、リーダーは、「世界の現実」、「自分をとりまいている複雑な環境」、そして「ステークホルダーを平等にあつかうこと」を忘れてはならない。

⑩リーダーは、戦略的提携やパートナーシップを生みだす

リーダーは、グローバルな視点から世界をながめ、もはや安全な避難場所などどこにもないことを知っている。これからのリーダーは、長期的な利害が一致する、運命共同体ともいうべき組織と手を組むことの重要性を理解するようになるだろう。

SASが他の航空会社とパートナーシップを結んだのもそのためだ。フェデラル・エクスプレスは、ノルウェーのライバル企業（三五〇〇人超の従業員を擁するノルウェー有数の大企業）と提携した。ファースト・ボストンはクレディ・スイスと手を組み、FBCSとなった。

アメリカのGEはイギリスのGEと提携し、いくつもの合弁会社を立ち上げ、四つの製品事業部を融合させた。二つのGEは社名は同じだが、まったく別の会社だった。アメリカのGEはイギリスのGEの買収を検討したこともあったが、最終的には提携の道を選んだ。

非営利団体の間でも、戦略的提携やパートナーシップの重要性が認識されはじめている。

こうして、現代のリーダーは成功を収めている。こうして、未来をつくっている。

では、これからのリーダーはどうか？　次世代のリーダーは、以下のものをそなえている。

●幅広い教養
●かぎりない好奇心
●つきることのない熱意
●周囲を巻きこむ楽天性
●仕事仲間やチームワークに対する信頼
●すすんでリスクをとろうとする意志
●短期的な利益より長期的な成長を追求する姿勢

●卓越することへのこだわり
●適応力
●共感能力
●自分自身であること
●誠実さ
●ビジョン

未来のリーダーは、自分自身を表現することで、新しい映画を、新しい産業を、そしておそらくは新しい世界を生みだすだろう。

そんなことはありえない、夢物語にすぎないと思うなら、こう考えてほしい。

自分を否定するより、自分を表現するほうがはるかにたやすい。そして、自分を表現することでもたらされる実りは、自分を否定することでもたらされる実りよりもはるかに大きい、と。

本書は、一九八九年に刊行された『On Becoming a Leader』(邦訳『リーダーになる』新潮社、一九九二年)の増補改訂版として、二〇〇三年に刊行された原書を元に翻訳したものです。

リーダーになる［増《ぞう》補《ほ》改《かい》訂《てい》版《ばん》］

2008年7月8日　初版第1刷発行
2024年1月6日　　　第16刷発行

著者　ウォレン・ベニス
訳者　伊《い》東《とう》奈《な》美《み》子《こ》
装幀　重原 隆
印刷　萩原印刷株式会社
発行所　有限会社 海と月社
〒180-0003
東京都武蔵野市吉祥寺南町2-25-14-105
電話0422-26-9031　FAX0422-26-9032
http://www.umitotsuki.co.jp

定価はカバーに表示してあります。
乱丁本・落丁本はお取り替えいたします。

ISBN978-4-903212-08-1